クセジュ】

コンスタンティヌス

その生涯と治世

ベルトラン・ランソン著
大清水裕訳

白水社

目次

序論

I　初のキリスト教徒ローマ皇帝

ローマ皇帝の中で、コンスタンティヌス（在位：三〇六〜三三七年）は特異な人物の一人である。実際、彼はキリスト教を奉じた初の皇帝だった。この事実は長きにわたる論争を引き起こしたものの、紛れもない事実である。当然のことながらローマ帝国史の中で決定的な出来事の一つとみなされているが、それは中世、あるいは近現代の西洋にとっても同様である。神話によれば紀元前七世紀にヌマ王によって確立されたという諸信仰に長いあいだ結び付けられてきたローマの歴史の中で、これが重要な曲がり角だったことは確かである。

だからといって、それは断絶だったのだろうか。そう考えることは、キリスト教が帝国やローマの伝統に敵対的だったという説を信じることになるだろう。五世紀から二十世紀に至るまで、キリスト教がローマの破壊者だったと非難する著述家はつねに存在した。このような不公平で古い見方はもはや歴史叙述の博物館に収められてしまっていて、そこでイデオロギーの変遷を示すギャラリーに並べられていることだろう。

コンスタンティヌスがキリスト教徒だったという事実は、キリスト教が彼の治世に帝国内で勝利を収めたということをなんら意味してはいない。キリスト教は単に合法的な存在となったにすぎず、三一一年に認められた信教の自由の恩恵に与ったのである。キリスト教が覇権を握ったのはずっとあと、諸法によって他の信仰が排除され、キリスト教が唯一の公的宗教となった四世紀末か五世紀初頭のことにすぎなかった。

Ⅱ　時として矛盾する多彩な史料群

歴史家は、コンスタンティヌスとその治世については、彼の後継者に関するほど豊富な史料を用いることができない。実際、四世紀についてわれわれが持っている知識の主たる源泉はアンミアヌス・マルケリヌスの『歴史《レス・ゲスタエ》』だが、この史書は九六年から三五三年までの出来事に関わるその最初の一三巻が失われた状態でしか伝わっていない。

歴史家がコンスタンティヌスに関して集めることのできる知識は、年代が遅かったり伝説的だったりするために、一貫性に欠け、かつ疑わしいものである。われわれが〔その知識を〕負うている主たる歴史家は、アウレリウス・ウィクトルやエウトロピウス(1)（四世紀半ば）、『皇帝伝要約《エピトメ・デ・カエサリブス》』の氏名不詳の作者（四世紀末）、ゾシモス（五世紀末）といった人びとである。ケドレノス、[2]ペトロス・パトリキオス、[3]ゾナラス、[4]テオファネス[5]といったギリシア人歴史家の諸作品の中にも雑多な情報が見出される。ヴァロワの無名氏のテキストの前半は『コンスタンティヌス帝の生まれ《オリゴ・コンスタンティニ・インペラトリス》』である[6]。

（1）巻末参考文献（訳者による補足）【3】。
（2）十一世紀末から十二世紀初頭のビザンツの年代記作家〔訳註〕。
（3）六世紀のビザンツの高官で、東ゴート王国やササン朝ペルシアとの交渉で活躍した。歴史書も残したが、現存するのは一部〔訳註〕。
（4）十二世紀のビザンツの年代記作家・神学者〔訳註〕。
（5）八世紀から九世紀初頭に活躍したビザンツの貴族で、のちに修道士となった。ディオクレティアヌス以降を扱った年代記を著わした〔訳註〕。
（6）『ヴァロワの抜粋』と呼ばれる史料の一部であり、この部分は三九〇年頃執筆されたもので比較的信頼性が高い。十七世紀にヴァロワのアンリによって出版されたため、この名で呼ばれることが多い〔訳註〕。

教会史家の貢献は著しい。第一にカエサレアのエウセビオスがいる。この皇帝の死後すぐ——三四〇年頃——に『コンスタンティヌスの生涯』を出版したが、[1]この本の真正性をめぐっては議論が引き起こされることになった。十九世紀における第一のコンスタンティヌスの伝記作家は、「古代末期Spätantike」という言葉の発明者でもあるドイツ人ヤーコプ・ブルクハルトだったが、彼は、エウセビオスは「大胆不敵なウソつき」であり「軽蔑すべきでっち上げ」作家だった、と批判した。[2]別の二人のドイツ人学者、ゼーク（一八九八年）とハイケル（一九一一年）はブルクハルトの批判的な見方に反駁し、ルイ・デュシェーヌやアドルフ・フォン・ハルナックといったキリスト教史家の賛同を得た。しかし、一九三八年にはアンリ・グレゴワールのおかげで懐疑的な見方は息を吹き返すことになった。というのも、彼は、『コンスタンティヌスの生涯』は四世紀末におそらくカエサレアのエウゾイオスによって書かれた偽作だった、という仮説を提示したからである。しかしグレゴワールの議論は、興味深いものではあっても、やはり反論に対しては弱いものだった。

（1）巻末参考文献（訳者による補足）【1】。
（2）巻末参考文献（訳者による補足）【10】。

ヒエロニムス[1]の『年代記』や、アクィレイアのルフィヌス、[2] フィロストルギオス、[3] キュジコスのゲラシオス、[4] キュロスのテオドレトス、[5] ソクラテス[6]やソゾメノス[7]といった人びとの『教会史』でも情報が見出される。エウセビオス、ゲラシオス、アタナシオス、ソクラテスなど、多くの作家の文章に引用された多くの書簡からも知識を得ることができる。

（1）四世紀後半に活躍した神学者・聖職者。聖書のラテン語訳で知られる〔訳註〕。
（2）四世紀後半に活躍した神学者・修道士。オリゲネスをはじめとするギリシア語文献のラテン語への翻訳で知られる。エウセビオスの『教会史』をラテン語に訳し、コンスタンティヌス治世以降の記述を追加した〔訳註〕。
（3）四世紀から五世紀にかけて活躍した教会史家。作品は後代の要約で知られるのみ〔訳註〕。
（4）五世紀に活躍したキリスト教徒の作家〔訳註〕。
（5）五世紀に活躍したシリアのキュロス司教で神学者〔訳註〕。
（6）前記のテオドレトスと同時代にコンスタンティノポリスで活躍した教会史家。エウセビオスに倣って『教会史』を執筆した〔訳註〕。
（7）前記のテオドレトスやソクラテスと同時代に活躍した教会史家。パレスティナ出身でコンスタンティノポリスで活動し、ソクラテスと同じく『教会史』を著わした〔訳註〕。

三〇七年から三一一年までの時期に関しては、貴重な情報を含んだ多くの頌詞が残っている。さらに、『テオドシウス法典』[1]のおかげで、三一二年以降のコンスタンティヌスの法についてもわかっており、その数は三六〇にのぼる。

（1）巻末参考文献（訳者による補足）【5】。

いくつかのみごとな像やたくさん残っている貨幣も、コンスタンティヌスの皇帝権を研究するのに貴重な情報を含んでいる。

Ⅲ　イデオロギー的な問題

その治世の初めにキリスト教に改宗したので、コンスタンティヌスは歴史的、文化的な論争を瞬く間に代表することになった。キリスト教徒の著述家は、模範的な、あるいは伝説的な情報を追加してその治世を潤色しがちであるのに対し、反キリスト教的な著述家はコンスタンティヌスを悪く言うことに身を捧げた。彼の甥である皇帝ユリアヌス（在位：三六一〜三六三年）は、彼を消極的で柔弱だったと非難した。五世紀末には、ゾシモスがコンスタンティヌスを非難した。数百年の伝統に背馳した罪深き諸改革を行ない、帝国を弱体化させ、さらに悪いことには、その没落を引き起こした、と。それとは反対に、キリスト教徒の著述家たちは彼を称揚している。たとえば、カエサレアのエウセビオス、オロシウス、ソゾメノスといった人びとである。彼らによれば、コンスタンティヌスはキリスト教徒に対する最後の大迫害に終止符をうち、信教の自由を宣言し、キリスト教を支援したのではなかったか？　信仰の発展にあからさまな好意を示し、神の企図に奉仕したのではなかったか？

それゆえ、十九・二十世紀の歴史家にとって、コンスタンティヌスは論争のテーマとなったのである。一八六〇年から一九六〇年までのあいだに書かれたこの皇帝に関する膨大な数の伝記は非常に印象的である。ギボン(1)につづいて、世俗主義者や自由主義者、反教権主義者たちがコンスタンティヌスを攻撃すべき人物として描き出すことに精力を傾けた。ゾシモスの――無意識の？――継承者たちは教会史料に疑惑を投げかけ、彼のキリスト教信仰ゆえに、幾多の悪行についてコンスタンティヌスを非難した。つまり、コンスタンティヌスはローマの歴史的な伝統に断絶を引き起こし、伝統的で公的な宗教を捨て去ることで「ローマを裏切ったのだ」（ピガニオル）、と。彼の諸改革は有害なものであり、ローマ帝国の衰退に、そしてより長期的にいえば、その終焉につながったのだ、とも、これらの歴史家たちは付け加えていた。そして、シュワルツは「その悪魔的な政治」の破滅的な影響について語っている。

（1）巻末参考文献（訳者による補足）【8】。

さらに、反教権主義的な歴史家と同様、プロテスタントによっても、コンスタンティヌスは瑕を負わされることになった。つまり、彼は皇帝教皇主義の創始者だったのかもしれないのである。彼らは、絶対君主政の抑圧的な諸要素の創始者という役割をコンスタンティヌスに帰した。それとは反対に、キリスト教的感受性に富んだ歴史家たちは、コンスタンティヌスを「大帝」としたのである（ドイツ語では Konstantin der Grosse）。

これらの論争は、学術的な議論というよりも論戦とでもいうべきものが多かったものの、おおいに盛り上がった。それゆえ、コンスタンティヌスは最も多くの本を書かせたローマ皇帝の一人なのである。歴史叙述上の問題は数知れず、イタリアではコンスタンティヌス学会が創設され、専門家が意見を出しあっているほどなのである。しかしながらフランス語では、とくに第二次世界大戦後、ユリアヌスについては数多くの研究が生み出されたのに対し、コンスタンティヌスは明らかに多くの本を書かれるような対象ではなかった。おそらく、教会と国家の分離、世俗性《ライシテ》の勝利によって特徴づけられた二十世紀のフランス文化の特色の影響をそこに見出すべきだろう。伝統宗教の復興者にして四世紀の「異教反動」の旗手たるユリアヌスの事例は、キリスト教史家や教会史家をそれとなく除けば、コンスタンティヌス問題よりも大きな関心を集めたように思われる。こんにちではかかる猛火はもはや冷めた灰でしかなく、党派的な情熱から離れて、この問題を再び取り上げるための諸条件がようやく整ったように見える。近年の諸研究は、四世紀に関する知識をますます増加させている。このことは、第一級の重要性を持つこの人物とその治世について受け入れられてきた考えに見られる偽りの霧を、そこかしこで払うことを可能にしてくれるのである。

第一章　コンスタンティヌスの生涯と治世

I　監視下の若きイリュリア人

1　出生日の推測——

フラウィウス・ウァレリウス・コンスタンティヌスはナイススに生まれた。現在のセルビアのニシュである。二月十七日のことだったが、それが何年かはわかっていない。歴史家たちは推測にたよってきたが、その幅は広く、二七〇年（A・シャスタニョル）から二九〇年（A・H・M・ジョーンズ）にまで及ぶ。シャスタニョルの推測やバーンズのそれ（二七二年）が真実に最も近そうである。二七五年という年代もありそうな話で、それというのもアウレリウス・ウィクトルが、コンスタンティヌスは三三七年に六十二歳で亡くなった、と書いているからである（『皇帝伝』四一章）。カエサレアのエウセビオスはみずからの作品『コンスタンティヌスの生涯』（四巻）の中で、彼は三二年に少々足りない期間統治し、その倍の期間生きた、と明言している。言い換えれば六十三歳である。これは、『皇帝伝要約』の作者も踏襲した数字であり、そのうえ、彼は帝国を単独で一三年（三二四～三三七年）統治した、と正確に述べている〔四一章一五節〕。ソクラテス（『教会史』一巻三九章）、ゾナラス（『教会史』一三巻四章）、ケドレノスは、彼は六十五歳で死んだ、と述べるにとどまっている。二七八年というのも同様にありそうなもので、というのも、エウトロピウスが『首都創建以来の略史』〔一〇巻八章〕の中で、彼は治世三一年目、六十六歳になる年の途中で死んだ、と書いているからである。この年齢は、ヒエロニムスが『年代記』で記しているのと同じである。慎重であることを選ぶなら、誤りを犯す危険を避けて、二七一年から二七五年のあいだにコンスタンティヌスは生まれた、とするにとどめておくことになる。

2　イリュリア人兵士とビテュニア女の息子

——彼の父はフラウィウス・コンスタンティウス〔コンスタンティウス・クロルス〕で、ダルダニア〔現在のセルビア南部〕出身の軍人だった。コンスタンティヌスは一人っ子ではなく、コンスタンティウスには七人の子供がいた。アウレリアヌス〔在位：二七〇〜二七五年〕やプロブス〔在位：二七六〜二八二年〕の治世に遠征に参加したことを除けば、この人物の経歴については何もわかっていない。のちのコンスタンティヌスによるプロパガンダでは、クラウディウス・ゴティクス〔在位：二六八〜二七〇年〕の子孫だと主張している。ル・ナン・ド・ティユモンはこの説を信じているが、この主張は検証不可能なだけでなく、非常に疑わしい。

彼の母はヘレナという。ゾシモスが卑しい生まれだと評する女性であり、ビテュニアのドレパナ〔現在の小アジア北西部〕出身だった。コンスタンティウスの最初の伴侶だったが、二九三年にコンスタンティウスが副帝《カエサル》へと昇進し、マクシミアヌスの娘テオドラと結婚した時に、彼女は離縁された。コンスタンティヌスの治世には、彼女はつねに彼の傍近くにあった。三〇六年の即位後間もなく、彼女の息子〔コンスタンティヌス〕は彼女のことを「非常に高貴な女性（ノビリッシマ・フェミナ）」という称号で讃え、さらに三二四年には「皇太后（アウグスタ）」という最高級の称号を彼女に与えた。彼女は、三二八〜三二九年頃、栄誉の絶頂で八十歳を超えてから亡くなった。したがって、彼女が生まれたのは二五〇年より少し前のことであり、彼女は二十一〜二十五歳でコンスタンティヌスを生んだことになろう。彼女の息子は小アジアのドレパナ市に彼女の名を与えてヘレノポリスとし、ディオスポントス属州をヘレノポントス属州へと変更したのである。

3　皇帝の息子——四帝統治の中でマクシミアヌスを補佐するために、二九三年に彼の父がディオクレティアヌスに呼ばれた時、コンスタンティヌスは二十歳くらいだっただろう。コンスタンティウスは、副帝《カエサル》の称号とヘルクリウスという別称とともに、帝国の最も西方に属する諸属州——ブリタニア、ガリア、ヒスパニア、マウレタニア・ティンギタナ——の統治を引き受けた。

ラテン頌詞第六番（三〇七年）の一節は、マクシミアヌスが好んで滞在したアクィレイアの宮殿でコンスタンティヌスがその青年期の一部を過ごしたことを思わせる。しかし、諸史料は、彼がとりわけ東方、ディオクレティアヌスや、次いでガレリウスの傍らにいたことを示している。

4　監視下にあった青年期——コンスタンティヌスは将校《トリブヌス》として最初の軍務に就いた。三〇七年の頌詞は彼に対する讃辞を惜しんではいない。というのも、その述べるところでは、早熟さという点でコンスタンティヌスはスキピオ・アフリカヌス(1)やポンペイウス・マグヌス(2)にも勝っていたからである。このことは、コンスタンティヌスが将校の地位に十七歳という通例の年齢よりも早く就いたことを示しているのかもしれない。

(1) スキピオ・アフリカヌスは、紀元前三世紀に活躍した共和政ローマの軍人・政治家。青年期から第二次ポエニ戦争に参加し、法定年齢より若くして公職を歴任し、軍団を指揮した〔訳註〕。

(2) ポンペイウス・マグヌスは共和政末期の軍人・政治家。カエサル、クラッススとともに第一次三頭政治を行なった。青年期にはスッラのもとで軍事的功績を挙げ、スキピオ・アフリカヌスより若くして凱旋式を行なった〔訳註〕。

彼が東方に発ったのが何時なのかはわかっていない。二九三年の四帝統治創設に際してディオクレティアヌスが彼をニコメディアの宮殿に呼んだ、というのはありそうなことである。その時、彼は二十歳くらいで、わずかながら軍隊経験があった。二九七年にアキッレウスの簒奪と戦うためにディオクレティアヌスがエジプトへ下向した時、彼はその傍らにあった。そしてアレクサンドリアの包囲と占領に参加している。三〇二年には、パレスティナで依然としてディオクレティアヌスとともにいた。これらの年限のあいだにコンスタンティヌスは軍のヒエラルキーの階梯を昇り、積極的に働いた。三一〇年の頌詞作家は、ガレリウスのサルマティア遠征の時に彼が行なったという決闘に言及している。

ディオクレティアヌスがコンスタンティヌスを父親から引き離そうとしたとか、別途彼に教育を施そうとした、といったことを示すものはわずかである。四帝統治体制は世襲ではなく選定による継承に基づいていたので、コンスタンティウス・クロルスのもとでの王朝創設への誘惑を避けようとディオクレティアヌスが望んでいたと考えるのは自然なことである。三〇六年の出来事はそれが正しいことを示している。[1]

（1）三〇六年に西方の正帝となっていた父コンスタンティウス・クロルスが急逝した際、コンスタンティヌスは、東方の正帝だったガレリウスの承認を得ずに配下の軍隊によって皇帝と宣言された。詳しくは後述〔訳註〕。

彼が最初に結婚したのは、おそらく四世紀初頭のことだった。彼はミネルウィナを妻とした。三〇三年に彼の最初の息子クリスプスを産んだのは彼女だろうか？　絶対確実なわけではないが、非常にありそうなことである。

5　三〇五年の失望——三〇五年に、コンスタンティヌスは、ニコメディア近郊で開かれたディオクレティアヌスの退位式典に出席した。ラクタンティウスによれば、皆の視線が彼に注がれており、彼の父か

ガレリウスの副帝《カエサル》として彼の名が呼ばれるものと皆が予想していた。ガレリウスは、コンスタンティウス・クロルスと同様、正帝《アウグストゥス》へと昇格した。しかし、皆が驚いたことに、副帝の緋衣はセウェルスとマクシミヌス・ダイアという二人のイリュリア人士官に——おそらくガレリウスがディオクレティアヌスに推薦したために——委ねられた。ガレリウスは上席を占めて第一の正帝となった。[1] コンスタンティヌスを排除しようというガレリウスの意図は二つの理由から説明される。まず、コンスタンティヌスを彼の父親の副帝に任じれば、四帝統治の継承方法に背馳するような王朝的な外見を与えることになっただろう。また、おそらくガレリウスは、人気の証だが、彼の野心と名前の双方を恐れていたので、自身

の副帝ともしたくなかったのであろう。

（1）一般的には、形式上はコンスタンティウス・クロルスが上位だったとされるが、新副帝の人事がガレリウスに有利なものだったことから、彼が実質的な最高権力者になったということか〔訳註〕。

Ⅱ　父のもとへの逃走（三〇五～三〇六年）

1　ニコメディアからブーローニュへ――三〇五年

三〇五年にコンスタンティヌスは三十歳くらいだった。ディオクレティアヌスが引退したので、以後、彼はおそらくニコメディアで、ガレリウスの監視下に置かれることになった。アウレリウス・ウィクトルによれば、ガレリウスは彼を宗教的な理由という口実のもとに人質としていたというが、これはあまりありそうにない。『皇帝伝要約』はそれがローマでの出来事だったと明言しているが、不可能ではないにせよ、こちらも同様にほとんどありそうにない。アウレリウス・ウィクトルが『皇帝伝』を書いたのは四世紀半ばのことであり、コンスタンティヌスが死んで、キリスト教的な皇帝としての足跡を残していった時代である。三〇五年には、彼はまだキリスト教を奉じてはおらず、ガレリウスがそのために彼を疑うような理由は何もない。コンスタンティウス・クロルスがその担当領域でキリスト教徒を迫害しなかったという事実を別としてではあるが。理由は政治的なものだというほうがありそうである。西方ではコンスタンティウス・クロルスが正帝となっていた。彼の息子の存在は、世襲による継承へと戻ってしまう可能性があるために、四帝統治の均衡を脅かしかねないものだった。第七頌詞（三一〇年）の作者によれば、コンスタンティウスはガレリウスにコンスタンティヌスを戻すよう何度も求めていたが、うまくいかなかった。ガレリウスは彼をサルマティア人との戦いに派遣していたが（『ヴァロワの抜粋』二巻二章）、おそらくその死を望んでおり、彼を危険に曝すのをためらわなかった。コンスタンティヌスはやはり人質だったのである。

コンスタンティヌスは父親と合流すべく宮殿を脱出することに成功し、公共便用の馬を使って大急ぎで遠距離を駆け抜けた。ガレリウスは追跡のために人を差し向けた。彼らの足を遅くするために、コンスタンティヌスは各所で馬――公共用の駄獣――を傷つけた。トリーア〔後述。一一七頁参照〕を発ってブリタニアへ上陸しようとしていた父親に、彼はブーローニュで合流したのだった。

2　ブリタニアでのクーデタ――コンスタンティウスは「クロルス」というふたつ名を持っていたが、

それは彼の顔色が青白いことを意味していた。ラクタンティウスによれば、彼は体が弱かったのだという。彼が亡くなったのは、ピクト族に対する遠征から戻った時、三〇六年七月二十五日、エブラクム（ヨーク）でのことで、病気によるものだった。

この正帝《アウグストゥス》が死去したまさにその日に、兵士たちはその〔正帝という〕称号をコンスタンティヌスに与えた。ゾシモスが伝えるような副帝《カエサル》称号ではない。ここで問題となるのは、この〔兵士たちによる即位〕

宣言が自発的なものだったのか、ということである。諸史料を信じるなら、そうではなかった。実際、アウレリウス・ウィクトルの述べるところによれば、コンスタンティヌスの「その大きく強力な魂は、幼少期以来、統治に対する情熱に突き動かされていた」のである〔四〇章二節〕。ゾシモスもこの見方を共有しており、コンスタンティヌスは「帝位への野心を持っており」、その欲望は広く知られていたと書いている〔二巻八章二節〕。したがって、コンスタンティヌスが父を助け、そしてそのあとを継ぐことを意図して、父のもとに合流したというのはおおいにありそうなことである。司令官の息子に対するローマ軍の忠誠というのはよく知られた事実である。

この宣言は四帝統治の中では〔違法な〕実力行使となった。というのも、新しい正帝の選任はガレリウスに帰すべきものだったからである。ある頌詞作家によるなら、コンスタンティヌスは先帝であるディオクレティアヌスとマクシミアヌスに相談したかもしれないし、彼らは熱心な姿勢を示したのかもしれない。しかし、それを信じるのは難しい。もしそうなら、なぜディオクレティアヌスは三〇五年に彼を副帝に選ばなかったのだろうか。そうなれば一家族に帝国の半分が委ねられることになっていたことは確かである。

コンスタンティヌスがその後も七月二十五日を即位記念日とし続けたにせよ、帝国の公文書ではそうではなかった。なぜなら、四帝統治で四番目にあたる副帝としてガレリウスによって正式に承認されるのには、三〇六年秋を待たねばならなかったからである。実際、西方の正帝に任じられたのは、コンスタンティウス・クロルスのかつての副帝だったセウェルスだった。

3　最初の軍事的成功——ブリタニアでの宣言の直後に、コンスタンティヌスはドーバー海峡を渡り、フランク族に対する遠征を指揮した。彼はそこで初めての重大な勝利を手にした。フランクの王アスカリクとメロガイススを処刑させ、ライン川での橋の建設に取りかかった。ついで、速攻でブルクテリ族の地を荒らした。これにも成功したので、ケルンへ戻ると、敗者の側から服従の印として貴族層の人質を受け取った。彼がトリーアに入ったのは三〇六年後半のことだった。三一〇年に頌詞作家が、ゲルマニアに平和をもたらしたことを彼に感謝したのも、この地でのことである。彼が言うところによれば、「我らが城壁はもはやライン川の急流ではなく、あなたの名が〔ゲルマン人にもたらす〕恐怖なのです」。

III　マクセンティウスとの対峙（三〇六～三一二年）

1　副帝コンスタンティヌス——慣例に従って、コンスタンティヌス像がローマへ運ばれ、その地で展示された。この地には先帝マクシミアヌスの息子マクセンティウスがいた。彼が元首（プリンケプス）という称号を帯びようという同じような野心に取りつかれたのは、この像を見てしまったから、というのはもっともらしい。ナザリウスは、彼がコンスタンティヌスを表わす像を倒させ、その肖像を汚した、

と明言している。この新たなクーデタは、三〇五年に退位したあとルカニアの所領に隠棲していたマクシミアヌスの野心をも覚醒させてしまったらしい。彼は私人としての生活を放り投げ、息子とともに政治活動を再開したのである。

2 簒奪者たる正帝――三〇七年三月三十一日に発表されたラテン頌詞第六番において、コンスタンティヌスは「昇り行く皇帝《オリエンス・インペラトル》」と評されている。彼がマクシミアヌスをガリアに迎えたのはおそらく三〇六年末、あるいは、よりありそうなのは三〇七年初頭、のことだった。ガレリウスはイタリアに軍を派遣することでマクセンティウスの簒奪に終止符を打とうと画策していたが、マクシミアヌスはおそらくガレリウスに対抗するための支援を求めに来たのだろう。コンスタンティヌスは彼を保護した。マクシミアヌスはコンスタンティヌスを青年の頃に見知っており、コンスタンティウス・クロルスを養子としていたので、コンスタンティヌスは義理の孫ということになっていた。マクシミアヌスはコンスタンティヌスに娘のファウスタ――マクセンティウスの妹でもあり、七歳だった――を結婚相手として与え、コンスタンティヌスは彼の女婿となった。彼はおそらくミネルウィナとは死別していたが、そうでなければこの機会に離縁したはずである。彼女はおそらく内縁関係にあり、つまり慣習にしたがったもので、正式な婚姻契約を結んだ関係ではなかったのである。『三五四年の年代記』がこの年代に言及しており、ファウスタとの結婚は正式なものだった。

この結婚は、マクシミアヌス・ヘルクリウスとの関係を緊密にしたために、コンスタンティヌスの正当性を強めることになった。彼はマクセンティウスの義兄弟ともなったが、この姻戚関係が二人のあいだを近づけることはなかった。三〇七年九月には、マクセンティウスが〔西方の新正帝となったばかりの〕セウェルスの軍を破り、ほどなくして彼は処刑された。コンスタンティヌスとマクシミアヌスは正帝《アウグストウス》称号を再び勝手に自分のものとしてしまった。第六頌詞の作者はマクシミアヌスの庇護のもとでその名称を用いている。コンスタンティウスの実子として、コンスタンティヌスもまた養子関係の働きでマクシミアヌスの孫となり、ヘルクリウスの家系に属した。彼は四帝統治体制の恩恵も蒙っており、さらなる高みを目指していた。東方の君主として、ガレリウスとマクシミヌスは、彼らの権威の及ばないところで簒奪されたこの正帝位を承認するのを拒んでいたが、コンスタンティヌスの側では、マクセンティウスも含め、他の君主たちすべてをその貨幣の中で認めていた。この外交手腕は彼特有のものである。三〇八年には、マクシミアヌスが息子にイタリアを追われ、ガリアのコンスタンティヌスのもとに避難してきた。

3　三一〇年の断絶——四帝統治の混乱は、ドナウ河畔のカルヌントゥムでの首脳会談につながった。

三〇八年十一月十一日、ガレリウスはその地に二先帝、ディオクレティアヌスとマクシミアヌスを招聘した。ディオクレティアヌスは、かつての同僚を再び引退させることができた。その代わりとして、ガレリウスとディオクレティアヌスはリキニウスを正帝に指名し、他方、コンスタンティヌスは四帝統治の中で副帝と「正帝の息子」という地位を認められた。しかし、コンスタンティヌスは従うのを拒み、正帝の称号を再び放棄することはなかった。

マクシミアヌスは再び退位したにもかかわらず陰謀を企み続け、コンスタンティヌスと彼との関係は悪化した。コンスタンティヌスは彼をマルセイユで包囲し、死に追いやった（三〇九年末〜三一〇年初頭）。三一〇年の頌詞においてもコンスタンティヌスの貨幣においても同様にヘルクリウスに関する言及は直ちに消え去った。。以後、貨幣は不敗太陽神（ソル・インウィクトゥス）の庇護下に置かれることになった(1)。マルセイユから戻ると、彼は再度ライン川沿いの蛮族と戦い、二度目のゲルマニクス称号を得た。七月十五〜二十日には、この勝利がフランク競技祭（ルディ・フランキキ）によって祝われ、二十五日には即位五周年（クィンクェンナリア）も祝ったのである。

（1）それまで貨幣にヘルクレスが刻まれていたのに代わり、不敗太陽神が刻まれるようになったということ〔訳註〕。

マクシミアヌスが死ぬと、マクセンティウスは正帝《アウグストゥス》を称した。彼はヘルクリウスの家系に入り込み、みずから父親の復讐者をもって任じた。したがって、ディオクレティアヌスによって構想された制度とコンスタンティヌスのあいだの決定的な断絶の時期は三一〇年に置くことができる。ガレリウスは、この四帝統治という体制を救おうと試み、コンスタンティヌスとマクシミヌスを正帝として認めることで、確立されたルールを歪曲した。しかし、断絶は翌年のガレリウスの死（三一一年五月五日）によって完全なものとなり、帝国は三人の正帝と一人の簒奪者の手に委ねられることになった。

この間に、正式に正帝となったコンスタンティヌスはマクセンティウスに対して向かっていった。三一〇年以降、彼はヒスパニアの諸属州を簡単に奪取した。ソクラテス（『教会史』一巻七章）やテオドレトゥス（『教会史』一巻二四章）によれば、これは、キリスト教徒の影響力による平和的なコンスタンティヌスへの賛同だったという。しかし、翌年、マクセンティウスは北アフリカのドミティウス・アレクサンデルの簒奪に終止符を打って、穀物輸送船団を回復させ、食糧供給に配慮することでローマでの立場を固めることができた。

4 勝利者たる正帝――いわゆる「ミルウィウス橋の」戦い（三一二年）

――マクシミアヌス（三一〇年）とガレリウス（三一一年）の相次ぐ死が、コンスタンティヌスがみずからを西方唯一の正当な君主であるとみなし、マクセンティウスと対峙するように決定づけたことは明らかである。彼は数多くの兵士を集めて、マクセンティウスに立ち向かう準備を進めた。ブリタニアの兵士たちにケルト人のほか、ゲルマン人捕囚を追加した。ゾシモスによれば、九万の歩兵と八〇〇〇の騎兵を集めたという。エルンスト・シュタインは、兵力が三万を超えることはなかったと考えて、この数字を修正した。この軍はモンジュネーブルの峠からアルプス山脈を越えてセグシオ（現スーザ）へと到達し、その地を占領した。三一三年の頌詞からわかっているところによれば、コンスタンティヌスは、イタリアのポー川流域へ進出する過程で、ミラノのように彼の側についた諸都市は無傷で残し、抵抗した都市は破壊した。彼はマクセンティウスの軍に対して幾多の勝利を挙げた。トリノ近郊で、ついでヴェローナで。ヴェローナでは、マクセンティウスの近衛長官ポンペイアヌス指揮下の大軍に挑み、さらにその援軍と戦った。コンスタンティヌスの旅程は、彼の戦略を明らかにしてくれる。ローマへ直接進軍する代わりに、強行軍で進んでトリノからアクィレイアに至るポー平原の諸都市を服従させることに力を入れたのである。彼がローマへと下っていくのは、後背地が確保されたあとのことでしかなかった。

最初の段階で、コンスタンティヌスが首都へ進撃してくることがわかっていたにもかかわらず、マクセンティウスはそれに反応しなかった。十月二十八日には、彼は権力を奪取して六周年となる祝いに参加していた。その後、好意的な前兆が得られたので、彼は軍を率いて首都の北九マイル（約一三キロメートル）の地点、いわゆる「サクサ・ルブラ（「赤い岩」の意）」まで進出することに決めた。彼はここで戦闘を行なうつもりだったが、南方へ、ミルウィウス橋あたりまで後退した。この近くに別の橋を建造させたばかりであり、敵軍をテヴェレ川に追い込むための計略を準備させていたのである。いくつかの史料が「ポンス・モッリス（「不安定な橋」の意）」の存在に触れている。小舟で造られた船橋のことである。戦闘の場所は、『皇帝伝要約』（四〇章）の一節が「ミルウィウス橋の少し上流の、船橋で」と述べている。

ゾシモスの言うところでは、ある奇跡がおこったという。すなわち、ローマを囲む壁の上にフクロウの群れがとまっていたのである。コンスタンティヌスは好意的な前兆に気づくと、騎兵隊を戦列に配し突撃させた。マクセンティウス軍はテヴェレ川を背にしていたが、ショックで動揺し、混乱に陥った。橋は多くの兵士たちの重みで崩れ、マクセンティウスも川へ転落し溺死した。彼の遺体は見付け出され、その頭部は冷やかしの中ローマ市内を巡らされ、その後、北アフリカへと送られた。

翌日、三一二年十月二十九日、コンスタンティヌスはローマへ入った。元老院は彼を迎え入れ、マクシムス（「非常に偉大な」の意）という呼び名を授けた。この出来事とその日付は、十月二十八日の「僭主の克服（エウィクティオ・テュランニ）」と二十九日の「入市（アドウェントゥス）」に言及するある碑文から確認できる。

コンスタンティヌスはマクセンティウスの側近たちを処刑させた。新たな反乱を警戒して、近衛騎兵隊（エクィテス・シンギュラレス）という騎兵隊ともども、近衛隊も解散させた。彼は日常業務も遂行した。マクシミヌス・ダイアの書簡と肖像が発見されたことは、マクシミヌス・ダイアとマクセンティウスのあいだに取引があったことを証明するものであり、コンスタンティヌスにマクシムス称号の受け入れを決断させた。それを受け入れることは、マクシミヌスに代わって自身を首位の正帝とするものだった。つまり、これは一つのクーデタだったのである。三か月に満たない滞在で、ローマの人びとの好意を手にしたあと、三一三年一月のうちに彼は首都を離れた。

Ⅳ　西方の正帝（三一三〜三二四年）

1　ゲルマン人に対する新たな遠征――彼がマクセンティウスと戦っていた時に、ブルクテリ族、シャマウィ族、シェルスキ族、ランシオニ族、アラマンニ族、テュバンティ族からなる連合が三〇六年の協定を破棄した。コンスタンティヌスは直ちにライン川へ戻ると彼らに対する電撃的な遠征を率い、新たな

勝利をおさめた。

2　ミラノ会談（三一三年二月）――三一一年五月にガレリウスが死去したあと、リキニウスとコンスタンティヌスは、マクシミヌス・ダイアともども、四帝統治の唯一の相続人となった。彼らは三一三年二月にミラノで会談を行なった。皇帝の在所となったこの都市への彼らの入市は、ティキヌム（パヴィア）の造幣所で打刻された金貨で祝われている。リキニウスはコンスタンティヌスの異母妹であるコンスタンティア――コンスタンティウス・クロルスが正妻であるテオドラとのあいだにもうけた（巻末補遺参照）――と結婚した。

二正帝は、この機に、信教の自由を保障しキリスト教会の財産を回復させる有名な書簡を作成した。東方の二属州総督に宛てて発布されたもので、三一一年四月にガレリウスによって出されたセルディカ勅令を確認・拡大させ、それを尊重していなかったマクシミヌス・ダイアの治める諸属州でもその実施を求めたのである。[1]

（1）本書では記述がないものの、このあと、三一三年中にリキニウスはマクシミヌス・ダイアを破り、東方の統一を果たした。西方をコンスタンティヌスが、東方をリキニウスが統治する状態がしばらく続くことになる〔訳註〕。

3　三一五年の即位一〇周年――即位一〇周年（ディケンナリア）を記念するために、コンスタンティヌスは再びローマを訪れた。彼はマクセンティウスに対する勝利とライン川沿いの蛮族に対する勝利を同時に祝った。パヴィアで打刻された美しい金貨がそれを祝している。そして、コロッセウム近くの大きな凱旋門が、おそらくこの機会に落成した。

4 リキニウスに対する最初の戦争（三一六年）

――三一六年の秋に、二皇帝のあいだの最初の対立が起こった。リキニウスは、側近の一人バッシアヌスに副帝《カエサル》の称号を持たせてイリュリアに配した。バッシアヌスは妹の一人と結婚して、コンスタンティヌスと縁続きになっていた。コンスタンティヌスは、バッシアヌスを排除しイリュリアへの侵入を試みるために、彼の陰謀を口実としたのだった。

対決は、両正帝のライバル意識の争点となっていたパンノニアとトラキアでおこった。最初、トラキアへ撤退する前に、リキニウス軍はキバラエへ逃げ（十月八日）、シルミウムへ避難した。リキニウスは第二モエシア属州の将軍《ドウクス》だったウァレリウス・ウァレンスを正帝に指名した。コンスタンティヌスはサヴァ川に架かるシルミウムの橋を再建させ、リキニウスのあとを追った。激戦が展開されたあとに、トラキアのカンプス・アルディエンシスで二度目の戦いを行なった。

コンスタンティヌスが二人目の息子である小コンスタンティヌスを得たのも――彼はアルルで生まれた――三一六年か、あるいは三一七年初頭のことだった。彼は、十六歳だったファウスタとのあいだの子供か、あるいは現在では名の知られていない女性とのあいだの子供だろうか。この点について意見はさまざまである。ゼークは、〔長男である〕クリスプスがそうだったように、おそらく私生児だったと考えている。『皇帝伝要約』は、内縁関係にあったミネルウィナの子供だといっているが、それはあまり

コンスタンティヌスの凱旋門．上部の奉納碑文（ローマ，著者撮影）

ありそうにない。

5　セルディカ会談（三一七年三月）——合意に従って、リキニウスはウァレンスを犠牲にして、パンノニア管区とマケドニア管区をコンスタンティヌスに譲り、トラキアは自身の領域内に維持した。二帝は協定に調印するため三一七年三月一日にセルディカで会談した。コンスタンティヌスの息子二人、クリスプス（十三歳）と小コンスタンティヌス（生後数か月）、リキニウスの息子である小リキニウス（生後二十か月）は三人とも、副帝《カエサル》の称号を受け取った。

6　蛮族に対する新たな遠征（三一九～三二三年）——三一九年にクリスプスはライン川沿いのリメス[1]に派遣された。コンスタンティヌスはといえば、三二一年に、ドナウ川を越えてきたサルマタエ人と戦い、ついで三二三年にはラウシモドゥス王のゴート族と戦った。コンスタンティヌスは、彼らがある都市を包囲しているときに後ろから襲いかかった。多くの蛮族捕虜が諸都市に分配されることになった。

（1）リメスとは、ラテン語で本来は「線」を意味する。ローマ世界と外部を画する「国境線」「防衛線」とも訳しうるが、軍用道路や砦からなる防衛システム全体をリメスと称したとの説や、現代人が想定するような国境線は古代にはなかったとの指摘もある。原著でもラテン語のままにしており、本書でもカタカナで表記した〔訳註〕。

7　リキニウスとの二度目の戦争（三二四年）

——三二〇〜三二四年には、コンスタンティヌスとその義兄弟〔リキニウス〕の関係は再び悪化した。まず、コンスタンティヌスが、第二モエシア属州のゴート族に対して遠征を行ない、同僚の領域を侵食したから、という理由があげられる。しかし、リキニウスがミラノ書簡の文言を実施するのを止め、キリスト教徒に対する難くせを増していたから、という理由もあった。コンスタンティヌスはテッサロニカへ向かい、その地で港を建設させ、軍隊を準備した。ゾシモスによれば、その軍は、ペイライエウスに停泊する軍艦二〇〇隻と輸送船二〇〇〇隻からなる艦隊、その艦隊と騎兵隊に配属された一万人を含む一三万人から構成されていたという。リキニウスのほうは、一六万五〇〇〇人を集めていた。

この二つの軍隊は、確実に実数はもっと少なく、アドリアノープル付近に展開していた。策略によってコンスタンティヌス優位でこの対決は展開し、リキニウス軍は降伏した（三二四年七月三日）。リキニウスはビザンティウムに退去し、コンスタンティヌスはそこを推移した。リキニウスの二〇〇隻の三段櫂船の艦隊はあまりにも稠密に配置されていたために、クリスプス指揮下の八〇隻の三段櫂船からなる艦隊によって撃破された。リキニウスはヘレスポントスを越えてカルケドンへと逃亡した。コンスタンティヌスは、このために建造させた小型船に軍隊を乗せ、クリュソポリスに残っていたリキニウス軍を粉砕した（九月十八日）。リキニウスはニコメディアで包囲されて降伏し、自身の緋衣をコンスタンティヌスに着せた。コンスタンティヌスは彼をテッサロニカに送致したが、ほどなくしてリキニウスはその地で絞殺された。

V　単独皇帝（三二四～三三七年）

1　三二四年という年の重要性

三二四年という年代は、コンスタンティヌスの治世における新たな転換点をなしている。リキニウスに対して勝利したことによって、彼が実際に帝国の単独の正帝となり、その権威を東方まで拡大させることが可能となったからである。

それにより、ミラノ書簡の措置が東方でも最終的に適用されるようになった。そして、リキニウスの旧領のキリスト教徒たちの目には、コンスタンティヌスは解放者に見えたのである。しかし、この君主は、東方の諸教会の統一を乱す分断をも同時に見出すことになった。

この新たな状況は、行政機構の再編を行なうことをコンスタンティヌスに決断させた。七歳だった息

子のコンスタンティウスに副帝《カエサル》の称号を与え、近衛長官の地域的な役割を強化したのである。(1)

(1) 近衛長官と訳出したプラエフェクトゥス・プラエトリオは、もともと皇帝の警護を担当する部隊の指揮官だったが、二世紀末から三世紀にかけて、皇帝の側近として大きな政治的権力を振るった。コンスタンティヌスの治世末期には、複数の管区からなる道（プラエフェクトゥラ）を治める地方官へと変質していった。そのため、以後、「道長官」と訳したり、「近衛長官／道長官」と併記したりする場合がある。詳しくは後述〔訳註〕。

三二四年は、彼がビザンティウムという場所の戦略的価値を見出した年でもあった。その地に自身の名を持つ都市を創設することに決め、この場所を聖別させたのである。

2 ニケーアの公会議（三二五年）と即位二〇周年（ウィケンナリア）（三二五〜三二六年）――ニコメディアに落ち着くと、コンスタンティヌスは、司祭アリウスによって東方で引き起こされた「市民の混乱」（ソゾメノス）を直ちに知ることになった。すべてのキリスト教会が復活祭を同じ日に祝っているわけではないことも知った。公会議を開くために帝国全土の司教たちを彼がニケーアに招集したのは、諸教会の統一を再確立するという目的のためだった。この公会議は三二五年の五月から七月まで開催され、二か月に及ぶ審理と論争のあと、アリウスの考えを断罪し、彼と彼を支持する司教たちを追放するに至った。

この君主の即位二〇周年の年を祝ったのは、この公会議が閉幕するとき（七月二十五日）のことだった。一年後、即位二〇周年の年の満了を記念する式典は、コンスタンティヌス臨席のもと、ローマで開催された。これが、彼の三度目にして最後のローマ滞在となった。

3　コンスタンティヌス家の二人の処刑（三二六年）

――三二六年に起こったらしい謎の事件については、いくつかの史料から知ることができる。コンスタンティヌスの長男で二十三歳だったクリスプスを、「コンスタンティヌスの妻である」ファウスタが、自身と近親相姦の関係を持とうとした、と非難したらしい。彼女が言い寄ったのにクリスプスが拒絶したことに対する復讐だったのかもしれない。いずれにせよ、コンスタンティヌスが妻の告発に応えたことは確かである。コンスタンティヌスがローマに行っているあいだに、クリスプスはイストリアのポーラで処刑された。しかし、間もなく、おそらくローマで、今度はファウスタが殺害された。「燃え盛る浴場に」彼女は押し込められたのである。『皇帝伝要約』の作者は、この殺害は、孫の死を悲しんだヘレナの教唆で行なわれたものだったと示唆している。この二人の処刑を関連づけない史料もあるが、ソレントの碑文（『ラテン碑文集成』第一〇巻六七八番）に見られるように、クリスプスとファウスタの名は碑文から削り取られたことがわかっている。三二六年夏のあいだに、ヘレナは聖地巡礼に出発した。嫁を殺害したことに対する贖罪をここに見出す必要はないだろうか。これは仮説にすぎないけれども。

ローマ滞在ののち、コンスタンティヌスはライン川へ向かい、アラマンニ族と戦った（三二八年）。ついで、作業の進捗状況を確認するためコンスタンティノポリスへ向かった。ヘレナが亡くなったのは、その年か、その翌年のことだった。この皇太后は八十歳であり、その死に至るまでコンスタンティヌス家において最も重要な位置を占めたのである。

4　コンスタンティノポリスの創建（三三〇年）――コンスタンティノポリスの開都は、三三〇年五月十一日、都市の創設を司るローマ伝統の儀式によって荘厳に執り行なわれた。この奉献（ギリシア語史料ではエンカイニア・テース・ポレオース）は、コンスタンティヌスのフォルムへ向から行進で始まった。その中心を飾る斑岩の柱の頂には、この君主の像が設置された。次に競技場で式典が開催されたが、その中では、この都市のテュケー（「好運」の意）とおそらく勝利をもたらす球（有翼のウィクトリアを載せたもの）を持ったコンスタンティヌスの金メッキされた木像が展示されたのである。

5　キリスト教的な変化と帝位継承の準備（三三一〜三三七年）――哲学者ソパトロスが処刑され、新プラトン主義の書物が焚書にあった三三一年から、コンスタンティヌスは親キリスト教的な立場で、寛大さを失いがちになった。これは、おそらく、彼の側近の中に見出される司教たちの影響だった。彼らは、それぞれニコメディア司教とカエサレア司教だった二人のエウセビオスのように、アリウス派だった。キプロスでカロカエルスの簒奪が起こったのは、おそらく三三五年のことである。彼は帝室の駱駝の飼育を担当していた。実のところ、この簒奪の状況はよくわかっていない。わかっているのは、それがすぐに鎮圧された、ということだけである。カロカエルスは、キリキアのタルソスで生きながらにして焼かれた。これがコンスタンティヌスの治世唯一の簒奪事件である。

三三五年に甥のダルマティウスを副帝に指名したあと、コンスタンティヌスは、その権威のもと、帝国の各地方に配置された四人の副帝をかかえていた。おそらく、帝位継承の準備とみなすべきだろう。

コンスタンティヌス二世が正帝としてあとを継ぎ、コンスタンティウス二世、コンスタンス、ダルマティウスは副帝にとどまることになっていた。

治世最後の三年間は、ペルシア人に対する戦争準備に充てられた。ペルシア王シャープール二世は征服志向の政策をとり、三三一年には、キリスト教国だったアルメニアを占領していたのである。

6　コンスタンティヌスの死（三三七年）——コンスタンティヌスは三三七年四月三日にコンスタンティノポリスで復活祭を祝った。その後まもなく病にかかり、テルマエ・ピュティアエに、ついでヘレノポリスに向かったが、その地で高熱を発した。三三七年五月二十二日、聖霊降臨の主日《ペンテコステ》、その昼ごろに、ニコメディアから遠くないアンキュロのヴィッラで、彼は死亡した。臨終に際して、彼はニコメディアのエウセビオスから洗礼をうけた。彼の遺体は防腐処置を施され、緋衣を被せた黄金製の棺に入れられて、コンスタンティノポリスまで運ばれた。そこでは宮殿の高台に置かれ、昼夜警護された。喪の印として元老院は浴場や広場、市場を閉鎖させた。最終的に、遺体は斑岩の棺に納められ、聖使徒教会の殉教者墓地、一二の墓標の中央に安置された。その後、コンスタンティウス二世は別の墓を建設させてそこに父の棺を移し、三使徒の聖遺物の前に安置した。

四頭立ての馬車に跨ったコンスタンティヌスが雲から伸びる手に天へと招かれた様子を表わした貨幣がある。これは、元老院が彼の神格化を決め、「神君」コンスタンティヌスとしたことを示している。エウトロピウスが自著の一〇巻第八章で証言しているところでは、コンスタンティヌスは神君の数のうちに入れられた、という。天空に彗星が現われたことでその死が予告されたとも明言しているが、それは文学的な共通了解を彼が追加したものである。〔コンスタンティヌスの死後〕間もなく二つの記念貨幣が打刻された。一方は、表に「神君コンスタンティヌス、正帝たちの父 DV(divus) CONSTANTINVS PT AVGG (pater Augustorum)」という銘を持ち、裏にはベールをかぶったコンスタンティヌスの頭部が描かれていた。他方は、銘はなく、四頭立ての馬車に跨った死去した君主〔コンスタンティヌス〕が描かれ、その上には神の手が描かれている。要するに、伝統的な神格化の構図である。

Ⅵ　頑固で精力的、かつ気前の良い人物

1　トラカラ——コンスタンティヌスを称える頌詞作家たちは、彼とその父との偉大なる類似性を強調している。貨幣の肖像はそのことを確証するもので、鷲鼻が特徴的である。頌詞は、その美しさ、輝く目、秀でた額、眼差しや声音の穏やかさ、堂々とした歩き方を称揚している。ナザリウスによれば、この君主は感じが良く、その快活さが表情の荘重さを和らげていた。「これほどに敬うべきでありながら愛想の良い人を私は知らない」というほどに彼は光り輝いており、他の知られている君主たちとは対照的で、彼に会う人びとを魅了した。

コンスタンティヌスの巨像（ローマ，コンセルヴァトーリ宮殿．著者撮影）

諸史料によれば、脱毛症で首が太かったかもしれないが、コンスタンティヌスの身体はいかなる欠陥にも苦しまなかった。その詳細は十一世紀のビザンツの作家ケドレノスに負っており、彼の『歴史要覧（シュノプシス・ヒストリオン）』〔四七二〜四七三節〕では、現代までは伝わらなかった史料に基づき、われわれが知る限り最も詳細なコンスタンティヌスの身体的特徴が描かれている。

「コンスタンティヌス大帝の身長は平均的なものだった。広い肩とがっしりとした首を持ち、それゆえ、「大首（頑固者の意）」とあだ名された。彼は赤ら顔であり、髪はふさふさでもなく、巻き毛でもなかった。髭はわずかで、顔の所々を覆っているだけだった。鼻はかぎ状に幾分曲がっていて、目はライオンのもののようだった。彼は典雅で、非常に快活だったが、その教養は平凡なものでしかなかった。食欲を抑えることにかけては完璧な節制を誇っていた。体が丈夫ではなく、ハンセン病の危険にさらされ、実に多くの重い症状を見せたが、食欲を抑えることで身体のさまざまな病気を避けていた」

この描写は、この君主を美化しようとしてはいない。アポロ的なものなど何も持っていなかったことは確かである。強健な肩や首という特徴は、トラカラ（ギリシア語のトラケラス「太い首」から）という有名なあだ名にふさわしいものだった。この言葉が比喩的な意味を持っていたことは記しておくべきだろう。というのも、ローマ人にとっては、この身体的特徴は頑固さと無謀さを示していたからである。曖昧な一節だが、『皇帝伝要約』の作者は、この有名なあだ名の由来を語っている。彼の記しているところでは、コンスタンティヌスは、最初の十年間はすばらしく、続く十二年間は盗賊であり、ついで最後の十年は浪費ゆえに禁治産者だったことから、「トラカラ」というよく知られたニックネームをつけられていたという。それは強情さを形容するものだった。おそらく、このあだ名はむしろ前の文章と関連づけるべきものであり、それが皮肉にもなりうることを示している。

コンスタンティヌスの身長は平均的だったが、肩幅は広かった。髭は、剃った程度にまばらだった。髭の無い姿を見せることで、彼の父や四帝統治の他の皇帝たちと差別化していたのである。ポレミウス・シルウィウス[1]は、彼の髪について詳細を伝えている。髪が豊富ではなかったので、彼はディアデマ〔王冠〕の着用を、髪を集めて整えるのを助けてくれるから喜んでいただろう。さらに、『皇帝伝要約』は、彼がつねにディアデマを身に着けていたと明言している。彼は脱毛に悩むおしゃれな人物だったのだろうか。おそらく、ユリアヌスが彼を「理髪師」として扱って、毛髪への注意を笑い物にしたせいだろう。

（1）五世紀の歴史家。ガリア出身〔訳註〕。

次のような「病《レプラ》」もあったので、伝説を生じさせることになった。「病《レプラ》」といっても、体を蝕み損なうような病をここで考えてはならない。古代の人びとは、この言葉で皮膚科の症状を示していた。これが体毛の欠如の発端であり、その皮膚の赤みを説明してくれるかもしれない。その前兆は、毛胞の病気、毛胞性ムチン沈着症、あるいはピンクス型ムチン性脱毛症である。これは、実際、脱毛症の領域――毛髪も体毛もない――、顔や首の赤みのある部分のことである。少しでもあったとすれば、この「病」は、おそらく、毛胞性丘疹や赤や朱色の吹き出物からなっていた。ケドレノスによれば、マクセンティウスに対する勝利のすぐあとに、彼はそれから回復したという。「ローマへ入ると、彼は医師たちを招集し、彼らがこの病気を治した」

ケドレノスの明言するところでは、コンスタンティヌスは、健康に恵まれていたわけではなく――つまり父と同様である――、しかし、節制に基づいたその生活の健康法のおかげで、病気を免れることができた。エウセビオスも同じことを書いている（『コンスタンティヌスの生涯』第四巻）。「彼の体には衰えもたるみもなかった」

頌詞の中では、無論、慣例による形式性を考慮すべきだろう。この頌詞というジャンルの規則に従うのはその作者の責務だった。確かに、父親との類似性が異議なく認められるということは、相続や王朝的継続性を称揚するものであり、そこには政治的有用性があった。実際、貨幣においても同様に、コンスタンティヌスは父親と瓜二つだった。にもかかわらず、それは嘘ではない。美点は共通のものだった。

頌詞の〔発表された〕時点では、コンスタンティヌスは働き盛りだった。もしナザリウスが彼の愛想の良い姿という特異性に言及すれば、慣例的に皇帝たちのものだった堅苦しく峻厳な振舞いに対して、この新規性を対峙させることになる。コンスタンティヌスは簡単に赤くなった、と彼は述べているが、おそらく皮膚の問題でそうなるのを遠慮のせいにしていた。他方、その快活さ（ヒラリタス）という才は、新時代の証としてその演説の中でくりかえし述べられている。

エウセビオスによれば（『コンスタンティヌスの生涯』第四巻〔五三章〕）、コンスタンティヌスは六十歳を過ぎても美しい挙措を保っていた。

「（彼の体には衰えもたるみもなく）しみなどもまったくなく、どんな若者よりも若々しく、目にするにハンサムで、体力を必要とされる訓練や、乗馬、旅、戦さもでき、また敗北した敵兵の上に勝利の記念碑を立てたり、敵を相手に無血の勝利を手にされていたりしたのです」

2　非常に鍛えられた性格——頌詞は、コンスタンティヌスについてさまざまな性格の様相を与えている。

まず、非常に控えめな態度。彼はすぐに赤くなったが、すでに見たとおり、それは自然な肌の色の評価に関わる問題かもしれない。ついで、共感。当初気さくだと見られていたとおり、彼は忍耐強く聞くことができたし、その回答は親切なものだった。エウセビオスは、彼は友人たちと話し合うのを好んだ、と明言している。『皇帝伝要約』〔四一章一四節〕のいうところでは、彼は「多くの事柄について非常に適切だった」。彼はすぐに約束をしたたし、その通り行動した。たとえば、オータン市〔後述。一一八頁参照〕への恩恵付与のケースがそうだった。ハエドゥイ族《キウイタス》の地を通った時に、この都市《キウイタス》の災難に涙した。寛大なことに、彼はこの都市に七〇〇〇カピタの租税の減免、あるいは二〇パーセント以上の控除を与えたのである。この免除総額が充分なものかどうか彼が何度も尋ねたことに、この感謝演説は感嘆を示している。彼は助言を得ていたが、それに反する決断を下すこともできた。三一二年がその例であり、側近や腸卜官の意見を押しきってローマへ進軍したのである。

寛大さ、共感、残虐性の欠如、これらが、いずれにせよ三二四年以前には、コンスタンティヌスの性格のおもだった部分を成していた。ローマ人の血を流すことに彼は嫌悪を抱いていた。三一〇年のマルセイユ攻囲の際の彼の姿勢がそれを証している。というのも、彼は、確実に起こるものと予想されていた虐殺を避けるために、軍の退却を命じたからである。二年後には、マクセンティウス支持者の大半を許した。アウレリウス・ウィクトルは彼のことを「あらゆる徳目を備えた」人物だったと述べ、旧敵に対する彼の寛大さを強調している。エウセビオスにすれば、彼の美点とは、温和であること、思いやりがあること、親切であること、そして忍耐強いこと、だった。

その治世初めには、彼はみずから好んで戦闘に参加していた。三一三年の弁論家は、国家の利益に反してその命を危険にさらしているとして、この「過度の情熱」を戒めている。彼が眉をひそめていたのは、彼によれば、君主がみずから手を下すのはふさわしくない（ノン・デケット・ラボレ）ことだからだった。コンスタンティヌスは矛盾した人物であり、戦闘では荒々しいものの、ひとたび戦争が終われば、最も思いやりある人物に戻るのだった。軍事以外の活動でも、個人的な行動では、同じような好みを示している。たとえば、『皇帝伝要約』（四一章〔一四節〕）は、「諸属州からの使節（の話）や嘆願を、みずから読み、書き、考え、聞こう」としていた、と明言している。

三一三年の頌詞作家は、彼が疲れを知らず、続けざまの情熱（コンティヌウス・アルドル）に動かされていた、と述べている。彼に言わせれば、自然は冬に休むけれども、コンスタンティヌスは休まない。彼がエネルギーに満ちていたことは、オロシウスも同様に伝えており、彼は「非常に活動的（ストレヌイッシムス）」だったと述べている。事実、彼が同じ場所に留まっていたのは稀なことであり、軍隊が驚くほどすばやく移動することに高い評価を与えていた。

旺盛な想像力と巧みな術策が、この情熱の中で結びついていたように思われる。三一二年にアクィレイアを占領したあと、捕虜たちをどうするのか決まっていなかった。手錠を作るために彼らの剣を溶かすよう提案したのはコンスタンティヌスだった。ライン川沿いの蛮族に対する遠征でも、さまざまな策略が記録されている。たとえば、見せかけだけの撤退や、変装まで行なわれた。

したがって、彼の性格は、穏和さによって特徴づけられると同時に、非常に決断力に富んだものでもあった。節度に欠けているとさえ考えられた。もし、このことと頌詞作家の言葉を両立させようとするなら、とりわけ、彼個人の疲れ知らずの仕事ぶりを見ておかねばならない。

ナザリウスは、彼が品行方正だったと語っている。彼の明言するところによれば、「稀にして神のごとき徳目」であり、そのおかげで、三一二年秋にローマの美女たちは彼について何も恐れることはなかったという。ケドレノスの描く〔コンスタンティヌスの〕性格は、曖昧な文章ではあるものの、彼の節制が食事だけでなく性的な面での貞潔にも及ぶものだったことを示しているのかもしれない。

ナザリウスは、彼の父親〔コンスタンティウス〕の美点についても讃辞を捧げており、エウトロピウスも、彼はその保護下にある者たちにとって稀有な友人だった、と述べている。誠実な人物で、保護下にある人物たちを富裕にしてやるのに寄与したのである。しかし、彼らのうち少数の者にとっては、ほとんど当てにならない友人だったことも付け加えておこう。換言すれば、疑り深く、君主のもとでむしろ政治的な地位にあった者にとっては、ということである。

コンスタンティヌスについて最も批判的な作家はユリアヌスとゾシモスである。ゾシモスは、彼が誓約をいつも反故にしていたことを示して、その信仰の酷さゆえ彼のことを批判した。ゾシモスはまた、彼は批判されるのに耐えられなかったと述べ、度の過ぎた傲慢さについてもコンスタンティヌスを非難している。さらに、アタナシウスも、彼は激高しやすかったと述べている。ただし、アタナシウスがコンスタンティヌスを非常に困らせ、コンスタンティヌスが東方の司教たちの教理をめぐる不和にしばしばいらついていたことは指摘しておかねばならない。

3 勉学に対する否定しがたい関心――エウセビオスの述べるところでは、コンスタンティヌスはその演説をギリシア語に翻訳させた、という(『コンスタンティヌスの生涯』第四巻〔三二章〕)。ピガニオルは、ここから、コンスタンティヌスはギリシア語が不得手だった、という結論を導き出した。しかし、この断定はいい加減なものである。なぜなら、このような翻訳は官房の通常業務だったからである。コンスタ

ンティヌスはニケーアの公会議の議論に参加するのに充分なほどにギリシア語ができたことが、ソゾメノスからわかっている。逆に、神学論争に関心を抱いていたにもかかわらず、彼自身は神学者ではなかった。

コンスタンティヌスは、ニコメディアとテッサロニカの宮殿で教育を受けていた。しかし、彼の生活はあまりに早く軍事的なものになってしまった。また、文学的な教育は表面的にしか受けていなかった。ヴァロワの無名氏は、彼は「文学はわずかしか教えられていない（リッテリス・ミヌス・インストルクトゥス）」と明言している。父親としては、子供たちの教育に心から気を配った。そして、当時最高のラテン語の修辞学者だった北アフリカ出身のラクタンティウスを、息子クリスプスの教育のためにトリーアに招請している。

多くの史料が示すところでは、コンスタンティヌスはムーサ像――ヘリコン山のもの――をコンスタンティノポリスの宮殿に設置させたという。彼が本当の「文芸に通じた人物（ムーシコス・アネル）」ではなかったにせよ、少なくとも、彼はそうなるのに憧れていた。彼が自由学芸――『皇帝伝要約』によれば、とくに文学研究――を支持していたことは事実である。彼は医師や公的な教師にも関心を寄せ、彼らはいくつかの負担――とくに都市関係のもの――から免除されていた。建築家や他の建築に関わる人びとについても、多くの現場に人を集められるように、同様に関心を寄せていた。これらのコンスタンティヌスの関心も彼の学芸への支持を示している。それゆえ、エウトロピウスの意見が好んで支持されている。彼によれば、コンスタンティヌスはよりよく統治する技術と勉学に没頭していたのである。

言い換えれば、彼は政治哲学と自由学芸に関心を持っていた。これは、彼についてしばしば好んで語られる粗野なイリュリア出身の軍人というイメージとはかけ離れたものである。たとえば、ニケーアの公会議の議論に参加するように哲学者たちが招待されていた。これがキリスト教の司教たちの提案に基づいたものだったとは考えにくい。公会議の意見や決議を強化するために、哲学的な議論のロジックも提示されることを望んだコンスタンティヌスのイニシアティブをここに見出すべきだろう。そのうえ、エウセビオスからは、彼が自身で演説を起草するのを好んでいたこと、また、彼が「聖人たちの会議」宛てにラテン語で演説を書きあげ、それからギリシア語に翻訳されたこと、がわかっている。

4　変化という命題——コンスタンティヌスの性格を評するにあたって、諸史料は互いに矛盾し合っている。それぞれが嘘をついているか、あるいは党派性を示している、と結論づけられることになった。

エウトロピウスに照らしてそれらを注意深く再読し、それらを両立させる、という方法が考えられる。エウトロピウスはキリスト教徒ではなかった。したがって、彼がコンスタンティヌスの讃辞を編むにあたって、その党派性を疑うことはない。彼が、コンスタンティヌスは「心身に数えきれないほどの徳目（ウィルトゥテス）」〔エウトロピウス、第一〇七巻七章〕を持っていたという時、それは三〇七〜三二一年の頌詞作家たちと同じような意味においてであり、時宜にかなった讃辞を捧げたものである。最も興味深いのは以下の点である。すなわち、エウトロピウスはコンスタンティヌスの治世を二つにわけて考えている。第一の部分は、ローマ最高の君主たちに匹敵していたようなものであり、第二の部分は、平凡な君主たち程度のものである〔同、第一〇七巻七章〕。いくつかの言い逃れのような指摘によるのを除けば、このような断言はごくわずかである。三二四年以降リキニウスに対する勝利で彼は傲岸になり、かつては頌詞作家も讃えていたにもかかわらず、「諸々の成功で傲岸になり、その魂の適性ゆえに人気のあったコンスタンティヌスは変わってしまった」〔同、第一〇巻六章〕。彼の法の多くが、余計で幾分か厳しいものになったことも付け加えておこう。このような評価は『皇帝伝要約』でも見出すことができ、それによれば、彼は「讃辞を渇望し」〔四一章一三節〕ていたとされ、中傷に対する彼の法の非常な厳しさを強調している。さらに、『皇帝伝要約』は、出来が悪く注意も必要とはいえ、コンスタンティヌスの治世を簡潔な方法で三つの部分にまとめている。すなわち、十年間彼はすばらしき君主だった。ついで、続く十二年間は盗賊であり、さらに最後の十年間はあまりの浪費で禁治産者だった、という。この三分法に従えば、治世の最も良かった時期は三〇六～三一六年、最も酷かったのは三一六～三二七年である。この第二の時期の彼のことをなぜ盗賊〔ラトロ〕というのだろうか。リキニウスに対する戦争のためだろうか。増税ゆえだろうか。そして、母の死後、三二八～三三七年は法外な浪費によって特徴づけられることになる。おそらく、これはコンスタンティノポリス建設事業によって引き起こされたものだろう。

この記述と、諸史料をクロノロジー順に注意深く読み込んだ結果を結びつけてみれば、コンスタンティヌスの顕著な変化が見出されるように思われる。三二四年までは、彼は帝国西方の寛大で飾り気のない君主だった。しかし、三二四年に、彼は東方で宗教論争を見出した。司教たちのあいだの論争に彼はいら立ち、そのことが彼を苛烈にしたのかもしれない。他方、三二六年には、クリスプスの、ついでファウスタの処刑に至った家族にまつわる微妙な事件も起こっていた。彼の治世後半はまた、一部の東方の司教たちの影響も蒙っており、彼の政治を柔軟性を欠く方向へと変えていった。単独で帝国全土を治めるためには、ガリアやイリュリア時代の快活さ《ヒラリタス》はもはやふさわしくなかったのである。

コンスタンティヌスは、ハドリアヌスのように多義的（ムルティプレクス）でも多様（ムルティフォルミス）でもなく、ピガニオルが言うところの「異なった肖像のギャラリー」でもなかった。彼の性格と統治方法は、帝国全土に対する単独の権力を獲得した時点から変化した。彼は、家族の一体性と帝国の一体性という問題に同時にぶつかった。この変容は決して驚くべきものではない。三〇年以上にわたって一人の人物が統治していたのだから、その気質と行動に何の変化も見られないというほうが驚くべきことだろう。

第二章　コンスタンティヌス体制

コンスタンティヌスは、ディオクレティアヌスによって構想された多極的な権力体制という実験に終止符を打った。しかし、コンスタンティヌスの政治の形成は、この独特の体制——ディオクレティアヌスの考案した皇帝権のあり方——に深い影響を受けていた。また、部分的には、二八五年以前の元首政に回帰したにすぎなかった。コンスタンティヌス体制の特徴は、正確にいえば、古い元首政のいくつかの側面と、国家組織の強化に基づいたディオクレティアヌスの君主政を組み合わせたことだった。その特徴において、この体制は、すでに確証された諸要素を革新的に総合化したものだった。三二四年までは過渡期であり、古いものと新しい諸要素が争っていた。しかし、一度帝国の単独統治者になると、コンスタンティヌスは直ちに行政の再編成に取り掛かった。顕職の名を変え、職掌を改め、新たなポストを創設したのである。それと同時に、「彼の」都市、すなわちコンスタンティノポリスの建設という決定的な選択も行なわれた。

I　皇帝像の称揚

1　王朝的正統性——コンスタンティヌスが、その父〔コンスタンティウス〕から自身の正統性を引き出すために、四帝統治体制といち早く縁を切ったことは明らかである。

(A) クラウディウス二世の子孫という主張——三一〇年にトリーアで発表されたラテン頌詞第七番の作者は、コンスタンティヌスは皇帝として生まれた（インペラトル・オルトゥス・エス！）と明言している。その語るところによれば、実際、コンスタンティヌスはすでに二代の皇帝を数えた家柄の三代目なのだという。すなわち、コンスタンティウス・クロルスは勿論のこと、アラマンニ族やゴート族を打ち破ったクラウディウス二世ゴティクスである[1]。これは、過去の栄光を増やすことによってコンスタンティヌス一族の価値を高め、その正当性を強めることを意図したものであり、想像上の祖先にすぎない。

（1）在位：二六八～二七〇年。イリュリア出身の軍人皇帝の一人で、ゴート族を破ったことで「ゴティクス」と呼ばれるなど活躍したが、陣中で病没した〔訳註〕。

A・シャスタニョルは、自身の編集した『ヒストリア・アウグスタ』[1]の中で、「クラウディウス・ゴティクス伝」のはじまりにあたり、この問題について説明を施している。『ヒストリア・アウグスタ』の作者――彼が執筆したのは四世紀末か五世紀初頭のことだった――は、神君クラウディウスに捧げられたこの巻をコンスタンティウス・クロルスへの献辞でもって始めている。クラウディウスはアウレリウス氏の一員であり、コンスタンティウスはフラウィウス氏の一人である。しかし、コンスタンティウスの名を見ても、この二氏族のあいだには何の関係もない。シャスタニョルの表現を用いるなら、これは「創作された親子関係」である。エウトロピウスと、ヴァロワの無名氏、『ヒストリア・アウグスタ』の作者は、氏族名になんら関係がないという障害を、コンスタンティウスとクラウディウスのあいだに女系で繋がりがあったと想像することで回避している。たとえば、ヴァロワの無名氏は、コンスタンティウスがクラウディウスの姪の息子だったとしている。逆に、コンスタンティウスとクラウディウスが同じ地方の出身だったというのはありそうなことである。

（1）巻末参考文献（訳者による補足）【6】。

(B) フラウィウス家――コンスタンティヌスの氏族名はフラウィウスだった。帝室になると、フラウィウス民は皇帝礼拝の対象となった。有名なヒスペッルム勅答（ウンブリア州のスペッロ）は、三三〇年代のものだが、ヒスペッルム市民にフラウィウス家に捧げられた神殿の建立を認めた。その礼拝は、そのために特別に設けられた神官団によって滞りなく取り行なわれたことだろう〔詳しくは一一〇頁参照〕。フラウィウス氏は貴族層にも広がった。コンスタンティヌス治世には、フラウィウスの名を持つ数多くの執政官を確認できるのが目立つ（巻末補遺参照）。その存在を信じるなら、このフラウィウスという名は、この君主の友人や仲間を飾り立てるようになり、かかる存在として彼らを認識させるものだった。

同様に、その名は諸都市にも与えられた。オータンやキルタ、ビザンティウムはその最も有名な事例である。

その他、ヘレナやファウスタの肖像をかたどった貨幣も打刻された。

(C) 根底にあるもの――コンスタンティヌスを正当化するために、諸史料はすぐに「ミルウィウスの」勝利を基にするようになった。近年の本でもジャン＝リュック・デニエは、[1] 頌詞作家ナザリウスと統治権に関するインド＝ヨーロッパ的な概念との関係に光を当てた。さらに、キリスト教的な話ではキー・ローの印を盾の上に表現したことに言及して、暗黙のうちにコンスタンティヌスを新たなヌマとし、この君主の改宗を、ローマの創設や歴史の神話的諸側面に統合したのである。

（1）巻末参考文献（訳者による補足）【28】。

2　副帝たち――コンスタンティヌスは王朝的な君主政を再建した。かつての伝統に従って、息子たちに「非常に高貴なる副帝」という称号を与えたのである。三一七年三月一日、十四歳だったクリスプスとまだ乳飲み子にすぎなかった小コンスタンティヌスに対してこれがなされた。ついで、三二四年にはコンスタンティウス二世の、三三三年にはコンスタンスの番となった。三三五年九月には甥のダルマティウスにこの称号を与えた。クリスプスは三二六年に死んでいたから、治世最後の三年間は四人の副帝がいたことになる。さらに、コンスタンティヌスは、ダルマティウスの兄弟であるハンニバリアヌスに対して、カッパドキアのカエサレアの駐留部隊の指揮権と合わせて「諸王とポンティカ地方の王」と

コンスタンティヌス２世像（ローマ, カピトリウムの丘. 著者撮影）

いう称号を授けた。

副帝称号は年端のゆかない子供か少年に対して授けられた。このことは、コンスタンティヌスの目的が何だったのかをはっきりと示している。すなわち、この指名によって、推定相続人を確定し、フラウィウス氏の王朝的継続性を確実なものとすることを彼は望んでいたのである。副帝たちは帝国各地の居所に送られた。クリスプスはガリアに、コンスタンティヌス二世、のちにはコンスタンスがイタリアに、コンスタンティウス二世はオリエンスに、ダルマティウスはイリュリクムに、といった具合である。これが、三三五年頃にコンスタンティヌスが残すことを望んでいた後継者の配置図を予示するものだった。最年長だったコンスタンティヌス二世は正帝として彼の跡を継ぎ、二人の異母弟と従兄弟は副帝となるはずだった。三三七年に在職していた三人の道長官の存在は、副帝たちに属することになる領域を

青年期のコンスタンティヌス２世像（ローマ，コンセルヴァトーリ宮殿．著者撮影）

示していた。オリエンスはコンスタンティウス二世に、ガリア諸州はコンスタンスに、トラキアはダルマティウスに、ということになる。

3　皇帝の称号と信仰

(A) ヘルクレスから「不敗太陽神（ソル・インウィクトゥス）」へ——コンスタンティウス・クロルスの息子として、また副帝として承認された身として、コンスタンティヌスはヘルクリウスの家系に属していた。マクシミアヌスの婿となったことでこの帰属はさらに強まった。しかし、三一〇年、おそらくレウキ族の地にあるアポロ・グラヌスの聖地〔現在のフランス東部〕を訪れたあと、彼はヘルクリウスの血統にまつわるあらゆる言及を捨て去った。三一〇年の頌詞は、この点について巧妙にも沈黙したままである。四帝統治体制の基礎の一つを拒んだのはこの時のことだった。そして、二七〇〜二七五年にア

ウレリアヌスが好んでいた「不敗太陽神（ソル・インウィクトゥス）」の信仰と再び関係を持つことにしたのである。(1) この太陽神単独の信仰を採用したことは、ディオクレティアヌスによって創設されガレリウスがやっとの思いで続けていたイデオロギーと、彼が手を切ろうとする野心を明らかにした。「不敗太陽神」の画像と銘は、三二四年までコンスタンティヌスの貨幣上に姿を現わしている。

（1）アウレリアヌス（在位：二七〇～二七五年）は、イリュリア出身の有能な軍人皇帝で、パルミラと「ガリア帝国」を滅ぼして帝国の再統一を実現した。彼はパルミラを滅ぼしたあと、ローマ市にソル神殿を建設させ、元老院議員によるソル神官団を創設するなど、不敗太陽神の信仰を積極的に導入した〔訳註〕。

(B)「マクシムス」――「マクシムス（非常に偉大な）」という付加形容詞は、三一二年秋、マクセンティウスに対する勝利のあとにローマの元老院によって彼に与えられた。この称号は彼を正帝たちの首位とするもので、四帝統治のヒエラルキーと矛盾するものだった。数か月前のガレリウスの死以来、最先任の正帝となっていたマクシミヌス・ダイアを侮辱するものだったのである。

(C)「勝利者（ウィクトル）」――三二四年のリキニウスに対する最終的な勝利のあと、「不敗の（インウィクトゥス）」〔という付加形容詞への〕言及は、貨幣やコンスタンティヌスの称号から消え去った。太陽神を捨てて、より控えめな「勝利者（ウィクトル）」という付加形容詞を彼は採用した。しかし、その謙虚さは、勝利を誇るという意味において劣るものではなかった。貨幣の銘では、「全民族に対する勝利者（ウィクトル・オムニウム・ゲンティウム）」「あらゆる場所での勝利者（ウビクェ・ウィクトル）」「全世界の指導者（レクトル・トティウス・オルビス）」といった讃辞が増加した。書簡の署名については、エウセビオスは、それがいつも同じく「ニケテス・コンスタンティノス・メギストス・セバストス」、すなわち（ラテン語の）「ウィクトル・コンスタンティヌス・マクシムス・アウグストゥス」に相当するギリシア語だった、と伝えている。

(D) 称号の他の要素──三世紀の前任者たちと同様に、コンスタンティヌスは「敬虔（ピウス）」で「好運（フェリックス）」でもあった（貨幣ではＰＦと略される）。これら二つの形容詞は、神の守護の印である運のように、子としての、あるいは宗教的な献身を示した。彼はまた「国父（パテル・パトリアエ）」というアウグストゥス以来の君主たちが受け取った称号も保持していた。

(E) 非公式なキリスト教的付加形容詞

──「イサポストロス」。ギリシア語の「イサポストロス（使徒たちと同等の）」は、コンスタンティヌスの公式な称号には含まれない。キリスト教の発展のために彼の果たした卓越した役割を強調すべく、コンスタンティヌスをこう評したのはカエサレアのエウセビオスである。

──神の「ヒュパルコス」。これは、たとえば、エウセビオスが『即位三〇周年記念演説』（七章一三節）の中でコンスタンティヌスを評すのに用いたものである。帝国東部では、このギリシア語は属州総督を示すものだった。

──「（教会の）外の司教」。エウセビオスによれば、司教たちとの食事の際、コンスタンティヌスはみずからをこう評したという（『コンスタンティヌスの生涯』第四巻〔二四章〕）。「汝らは教会の中の司教であるが、予は、多分、神によって任命された教会の外の者の司教である」。これほど明白なのにもかかわらず、この言いまわしは数多くの註解を生み出した。これは、君主にしてキリスト教徒たる身として、コンスタンティヌスはキリスト教徒ではなかったローマ人たちの司教だったことを意味したのだろうか？　むしろ、彼の権威は神に発する司教のそれと同等だったが、俗世で発揮されるものだった、ということを示すのだろう。

4　肖像と彫像——権力とその権力の承認

は、皇帝像が広まっていくことによってなされる。貨幣や彫像はもちろん、画像によってもそれは行なわれた。新たに擁立された皇帝の初仕事のひとつは、皇帝像が示されていた官公庁にみずからの像を送り届けることだった。コンスタンティヌスは三〇六年にそれを行なったが、マクセンティウスがその像を汚して破壊したのはすでに見たとおりである。

貨幣上で最も頻繁に見られたコンスタンティヌスの肖像は、ディアデマを身に付けた右向きの胸像である。その顔つきはコンスタンティウス・クロルスのものによく似ており、軽い鷲鼻で髭のないものである。かつてのプロブスやアウレリアヌス、三〇〇年以前の四帝統治の皇帝たちのように、冠をかぶった姿で表わされることもあった。

コンスタンティヌスについて伝わっている最も美しい像は、ローマのフォルムの新バシリカで発見されたもので、その断片——足、腕、頭——はカピトリウムの丘のコンセルヴァトーリ宮殿の中庭に置かれている〔三九頁写真参照〕。現在判明している四帝統治期の像とは反対に、この像は非常に巨大なものだった。この君主の目は、そのバランスからいえば大きすぎるのだが、上を向いている。その人差し指は権威を示すものとしてそそり立っている。

この君主は、もはや市民たちの第一人者であるばかりではなく、神から権力を授かった君主だった。その仲介者となったのである。貨幣の裏側はそのことを明らかにしている。雲から神の手が伸び、コンスタンティヌスのディアデマをつかんでいる。

三二六年から、肖像は光輪を伴うようになった。君主の頭部は泡のようなものに包まれており、円によって平面で表現されている。この光輪にキリスト教的意味はなかったが、この君主が神的な世界に発するような存在であることを示していた。

5　皇帝権のアリウス派信仰？——三三六年、コンスタンティヌスの即位三〇周年の翌年に、カエサレアのエウセビオスは、コンスタンティヌスの確立した君主権を称揚するような『トリアコンテタイリコス』という記念演説を発表した。エウセビオスはその中でコンスタンティヌスを太陽《ソル》に、四人の副帝たちをその光線に比している。コンスタンティヌスは四人の副帝たちのあいだで天界の調和を維持し、王にふさわしい四頭立ての馬車を御している、そんなイメージをエウセビオスは展開したのである。
この演説の中では、単一の神との関係は明白なものだった。エウセビオスにとって権力の分散とは、多神教と同様、無政府状態につながるものだったのである。副帝たちを導く単一の君主は、地上において、唯一の真実である三位一体の神に対応した。神に関するアリウス派的な理解とコンスタンティヌスの君主政の対応関係が最も明白に表われているのが、この演説においてなのである。しかしまた、単一性を称揚することによって、新プラトン主義の影響も表われている。貨幣上で見られなくなって以来一二年ぶりに太陽《ソル》の似姿が現われるというこの奇妙な回帰現象は、世界と神に関するキリスト教的な概念がこれほどにまで古代の文化と宗教に縛られたままだったことを示している。

貨幣学でも、このイデオロギーの導入が反映されているように思われる。たとえば、三二〇〜三二四年に、クリスプスはシルミウムで銀貨を打刻させたが、その裏面にはコンスタンティヌスと彼の年長の息子たち、すなわちクリスプスとコンスタンティヌス二世が、「永遠なる好運（フェリキタス・ペルペトゥア）」という銘とともに表わされていた。この正帝と二人の副帝たちは座についている。コンスタンティヌスは中央にあって、三人の大きさは同じだった。

三三〇年にコンスタンティノポリスで打刻された多様な新しいソリドゥス貨はまったく異なる。コンスタンティヌスだけが中央で玉座についている。トガを纏い、頭部は光輪に包まれていた。副帝たち、コンスタンティヌス二世とコンスタンティウス二世は軍装を纏って立ち、視線は父に向かっている。立っているとはいえ、彼らの頭は座っている父よりも低かった。この二つの年代のあいだに、正帝の像を高め、副帝たちを明白にその下に置くことによって、皇帝たちの立場は階層化されたのである。カトリックの三位一体の象徴体系からアリウス派的な従属関係の象徴体系への皇帝イデオロギーの変化をここに見出したいという思いは大きい。換言すれば、集団的元首政から独裁的君主政への変化である。

Ⅱ　宮廷

コンスタンティヌスはそもそも気さくな人物で、その治世前半にはその気質をむしろ遺憾なく発揮していたように思われる。しかし、彼は、ディオクレティアヌスやほかの四帝統治の皇帝たちによって宮廷に導入された諸制度を次第に受け継いでいった。ペルシアの宮廷儀礼の諸要素を組み込んだものである。それによって君主にアクセスするのは難しくなり、接見にはヒエラルキーに基づいた儀礼が伴うようになった。

1　皇帝の居所――コンスタンティヌスは、順次、五つの都に居住した。しかし、彼が放浪の君主だったというのは当を得ないものだろう。実際、その移動が続いたのは、彼の権威が次第に東方へと拡大していったことによって引き起こされた情勢の産物だったからである。ガリアの皇帝から西方の皇帝となり、そして帝国全土をみずからの権威のもとに統一した。したがって、帝国の生きた中心たる彼が都を求めて次第にその場を移し、最終的に居所が定まったのが三二四年以降になってからのことにすぎないのも、当然のことなのである。三一二年以来居所としていたらしいローマを彼が離れたのも、この動きから生じたことなのである。〔ローマ市を離れたのは〕敵意によるものではなく、むしろ逆であり、ジルベール・ダグロンが指摘したように、東方をローマ帝国にきっちりとくくりつけるためだったのである。

(A)トリーアは、コンスタンティヌスの皇帝としての最初の居所だった。ライン川流域の蛮族に対処するため、彼はこの地に三一五年末までとどまった。

(B)アルルに魅かれたのは短期間だった(三一六年)。

(C)バルカン半島の諸都市――リキニウスと対峙するために、コンスタンティヌスはイリュリクムに居場所を定めた。彼はサヴァ河畔のシルミウムを選んだが、セルディカ(三一七～三一九年)やテッサロニカ(三二三～三二四年)にも居住した。かくて、彼はイリュリクムに三一六年から三二四年までと、ついで三二六年から三二九年までのあいだ居住した。

(D)ニコメディア――ニコメディアはビテュニアに位置し、ディオクレティアヌスの都だった。コンスタンティヌスはこの地で幼少期を過ごした。リキニウスに対する勝利のあと、三二四年から三二五年にもこの地に居住した。

(E)コンスタンティノポリス――この新しい都の宮殿にコンスタンティヌスが入ったのは三三〇年のことだった。

2 宮殿の組織

(A)寝室(クビクルム)――「寝室」は、宮廷の家政部門全般(飲食、衣装、清掃、給仕、ベッドメイク、用務部門)を意味した。この重要任務を統べた人物はコンスタンティヌスの時代に宮内長官(プラエポシトゥス・サクリ・クビクリ）という名を与えられた。三二六年には、その補佐役として執事長（カストレンシス・サクリ・パラティイ）が置かれ、給仕を担当した給仕役（ミニステリアレス）、皇帝顧問会で静寂を守らせた接見役（シレンティアリウス）、そして小姓たち（パエダゴギアニ）の指揮権を受領した。

(B)顧問会（コンシリウム）——皇帝顧問会（コンシリウム・プリンキピス）は、コンスタンティヌスの治世には依然としてこの名で知られていた。御前会議（コンシストリウム）になったのは、彼の息子たちの治世である。文武の行政の長は、コンスタンティヌスから総監（コメス）の地位を受領し、その継続的なメンバーとなった。すなわち、法制長官、官房長官、財務総監（二名）、軍司令官（複数）である。さらに皇帝は、この会合に参加するようにいつでも他の高官を召還することもできた。そのおかげで、多くの役人たちからの実務的な援助を得ることができた。つまり、接見役、訪問者や使節などの呼び出しを行なう引見係（アドミッシオネス）、そして書記（ア・セクレティス）である。

顧問会（コンシリウム）は重要な問題を扱い、使節の接受を行ない、役人の任命をし、時には上訴法廷も開かれた。

(C)緋衣の礼拝（アドラティオ・プルプラエ）——『コンスタンティヌスの生涯』〔四巻六六～六七章〕の中でエウセビオスが言うところによれば、コンスタンティノポリスの宮殿で、この君主は、多くの宝石に飾られた新しいディアデマを身につけるのを習慣としていたという。『皇帝伝要約』の作者もそう述べている〔四一章一四節〕。つまり、彼は宝石を身につけるという王のごとき習慣を採用し、そのディアデマを脱ぐことはなかった。皇帝との謁見は、緋衣の礼拝を伴う劇場のような儀式の場となった。すなわち、訪れた者たちは平伏し、皇帝のマント（パルダメントゥム）の裾に口づけをせねばならなかったのである。

3　宮殿の高官たち

(A) 法制長官（クァエストル・サクリ・パラティィイ）――皇帝のクァエストルがこの称号を手にしたのは三二〇年代のことである。皇帝の側近として、法制長官はそのスポークスマンとなり、皇帝の名で意見を表明し、皇帝宛ての請願や陳情を受け付けた。その役割のおかげで法制長官は皇帝の側近となったのである。

(B) 官房長官（マギステル・オフィキオルム）――このポストはコンスタンティヌスによって創設されたものである。三二〇年以降、トリブヌスの地位とともに証言が見られるようになり、他の職務と同様、宮殿の事務に責任を負った。武器生産や厩舎がその管理下に置かれた。書記（ノタリイ）、特任調査官（アゲンテス・イン・レブス）、警護隊（スコラエ）――近衛隊に代わって設置された五〇〇人の部隊――これらのヒエラルキーの頂点に官房長官は位置していた。それゆえ、官房長官は軍事的な職権を保持した唯一の高位文官だったのである。

(C) 財務総監――宮廷では帝国財政は二高官によって動かされていたが、その名は三二〇年代に変更された。ロラン・デルメールの推測するところによれば、財産管理官（ラティオナリス・スンマルム）は三二六年より少し前に帝室財務総監（コメス・サクラルム・ラルギティオヌム）に、帝室財産管理官（ラティオナリス・レイ・プリウァタエ）は三二六年から三二九年のあいだに総監職（コメス）になった、という。

前者は鉱山や採石場、国庫に属する工房を管理したほか、諸都市の税収入（ウェクティガリア）のような一部の租税――ティトゥリ・ラルギティオナレスと呼ばれる――のあがりを受け取り、皇帝の支出を差配していた。後者は帝室財産を管理し、没収財産も手にしていた。

それゆえ、ロラン・デルメールは、彼らを「下位の職務を長きにわたって務め、それほど地位の高くない役人」だったと見なしている。実際、彼らはペルフェクティッシムス級であり、クラリッシムス級になれたのはコンスタンティヌスの息子たちのもと、他の顧問会の総監（コメス）たちがそうなったあとでしかなかったのである。

4 官房――コンスタンティヌスは、その職務を集約し、皇帝官房をスクリニウムという名前で再編成した。三一四年には、以前の六つに代わり、四つ存在した。そのうち三つは、次に挙げるヒエラルキー順に、官房長官の下に置かれた。

(A) 文書局（スクリニウム・メモリアエ）は、請願に書き込みをし、請願者への返答を作成した。さらに、いくつかの認定状（プロバトリア）を届けた。この部局では、職務記録管理官（ラテルクレンシス）が役人たちのリストを管理していた。

(B) 勅答局（スクリニウム・エピストゥラエ）は、請願の妥当性について調査（コグニティオネス）し、法の記録を行なった。

(C) 訴訟局（スクリニウム・リベロルム）は、使節団から文書を受け取り、高官と連絡をとり、属州総督の認定状を作成した。

三一九年以降、これらの部局の役人たちはメモリアレスと呼ばれた。この三部局は、「天空書体」という上下に引き伸ばされた草書体をもっぱら利用していた。

郵便物は特任調査官（アゲンテス・イン・レブス）によって運ばれた。その存在は、集団としては、三二六年より少し前に確認される。公共便（クルスス・プブリクス）の駅屋の公共馬が利用された。この役務は三二六年には官房長官の管理下に移り、三三五年からは監査官（クリオシ）という別の役人による監査を受けた。

5 コンスタンティヌスの側近

(A) 司教――コンスタンティヌスが側近の相談役の中に司教たちを受け入れたのは、とりわけ新しい出来事である。彼のキリスト教への傾倒ぶりの最も明白な点の一つがこれである。とくに三二四年以降のことだが、キリスト教徒ではない行政官たちが皇帝の周りで働くのを妨げることはなかった。ローマ帝国統治に関わる上層民のキリスト教化は、緩慢で段階的なものだったのである。アキリウス・セウェルスは、三二二年、確実にキリスト教徒である身としては初めて近衛長官となり、ついで三二三年には執政官、三二五年には首都長官となった。コルドバ司教ホシウスは、コンスタンティヌスの側近となった最初の司教である。彼はアリウス派論争を鎮めるためエジプトで託された任務についた。しかし、その任務は失敗し、コンスタンティヌスはニケーアの公会議を開くことになったのである。コンスタンティヌスが、パレスティナのカエサレア司教エウセビオスと知り合ったのはこの時のことだった。三三〇年代には、ニコメディア司教でアリウス派だったもう一人のエウセビオス——臨終の際コンスタンティヌスに洗礼を施した人物である——の助言も受けていた。

(B) 新しい貴族層、コメスたちの登場——三一二年に、コンスタンティヌスは新しい地位をコメスという称号でもって授けた。これにはいくつかの種類があった。

——「君主の側近（コメス）」、すなわちその友人であり、信頼のおける人物である。コンスタンティヌスのもとで出世を果たした者のうち、ユニウス・バッススやフラウィウス・アブラビウスの名を挙げておかねばならないだろう。バッススは三一八年から三二四年まで宮廷で近衛長官を務め、ついで三二四年から三三二年までは西方を担当した。アブラビウスは三二九年から三三七年までオリエンス道長官だった。彼らは三三一年に一緒に執政官を務めている。

——文官の職権をもって管区に派遣された総監（コメス）もいた。たとえばアフリカ（三二一年）やオリエンス（三三六年）である。管区代官、のちには道長官に代わるものとして派遣されたが、その職務は原則として短期的なものだった。

——管区レベルの軍の責任者もこの称号を持っていた。

——すでに見たとおり、三二四年から三二九年には、帝室財政を預かる二人の最高責任者にもこの称号が与えられた。

(C) パトリキウスという新しい地位——その治世の末期には、コンスタンティヌスはパトリキウスという地位を生み出した。これは名誉称号であり、いかなる役割とも対応していなかった。帝国最高の者として、よく働いてくれた者たちに報いるためのものだった。それは終身のもの、言い換えれば、相続することのできないものだった。最初のパトリキウスとして知られているのは、三三四年のオプタトゥスと、三三五年のユリウス・コンスタンティウス——コンスタンティヌスの異母弟でありユリアヌスの父——である。

III コンスタンティヌスの行政改革

1 エリート層の再構築——三二四〜三二五年頃

コンスタンティヌスは旧来の騎士身分の廃絶を決断した。それは段階的に行なわれた。アントニヌス朝以来、管理官職（プロクラトル）の増大に伴い、この身分は帝国統治を担う人材をプールしておくものとなった。二六〇年代には、ガリエヌスが元老院議員に対してあらゆる軍事指揮権を禁じたために、属州統治におけるその役割はさらに拡大した。四帝統治の時期には、国家機構も軍隊もペルフェクティッシムス級の騎士たちの手に委ねられたのである。

その騎士身分を廃絶するにあたり、コンスタンティヌスは元老院のメンバーを六〇〇人から二〇〇〇人に拡大することを決定した。元老院の定数が変更されたのは、アウグストゥス以来およそ三五〇年、この時が初めてのことだった。この急速な拡大によって、元老院議員の数は三倍以上に増加した。これを実現するためにコンスタンティヌスはペルフェクティッシムス級から多くの人物を登用し、元老院への編入（アドレクティオ）によって彼らを貴族とした。新たに元老院議員を大量に増やしたことは大規模な昇進ということになり、かつての騎士身分の者に新たにさらなる高みを目指させることになった。なぜなら、コンスタンティヌスは再び高位行政官職を元老院議員に委ねることにしたからである。たとえば、道長官職や属州総督といった職務である。旧来の元老院貴族層についていえば、新人たちのあいだで目立たなくなってしまった。しかしながら、元老院身分は二〇〇〇人を大幅に超えてしまった。それゆえ、元老院議員名簿への登録は、この身分に属する一部の貴族層に限られた。そのメンバーの一部――とくに東方の人びと――についてはコンスタンティノポリスの元老院が気を紛らすことになったが、ローマの元老院は三三〇年以降新たな道を歩み、ローマ市を拠点とする貴族たちが優越的な立場にたった。コンスタンティノポリス元老院の創設は、帝国の貴族層を分断するという結果を招いたことも付け加えておこう。この分断は遠心的な効果をもたらした。確かに、アニキウス家のような元老院家系はローマとコンスタンティノポリスのあいだで振り分けられたが、この分断が帝国の二分割を準備したことは疑いないだろう。

騎士たちの後継者についていえば、彼らはペルフェクティッシムスという称号を持っていたわけだが、その後も長きにわたってエグレギウス級の人物という称号は保持し続けた。彼らに与えられた役割は、かつての騎士身分の職責よりも重要性の劣るものだった。しかしながら、負担からの免除は持ち続けた。

コンスタンティヌスも、都市参事会員がその地位を獲得するのを例外なく妨げるよう法による規制を設けている。

2 近衛長官／道長官（プラエフェクトゥス・プラエトリオ）の段階的な改革――三一八年から三三一年のあいだに、コンスタンティヌスは大規模な改革を進めた。近衛長官／道長官の改革である。この改革は、「状況に応じ手探りを続けて」（A・シャスタニョル）何段階にも分けて行なわれた。このポストはアウグストゥスによって創設されたもので、この時まで騎士身分の経歴の最高位にあった。近衛長官（プラエフェクトゥス・プラエトリオ）は一人、あるいは二人であり、二世紀に発展を遂げ、皇帝の補佐役にまでなったのである。

コンスタンティヌスは彼らを宮廷から遠ざけ、その職掌を変更した。若い副帝たちに帝国の一部を委ねると、それぞれに近衛長官を付けた。以後、彼らは管区代官や属州総督たちをみずからの権威のもとに置いた。これによって、管区代官と宮廷のあいだに新たなる等級を生み出すことになった。この時、一種の四帝統治が再び作り出されたわけだが、それは行政レベルの上位でのことであり、皇帝レベルでのことではなかった。三三二年以降、アフリカに副帝に随行しない形で道長官（プラエフェクトゥス・プラエトリオ）が派遣され、新たな段階を迎えることになった。

道長官は上訴法廷の役割を果たし、治安維持と公共便（クルスス・プブリクス）に責任を負った。職人集団や市場の監視、地租の査定・分配・受け取り、官吏への給与支払い、軍隊への補給もその任務だった。しかしながら、軍事指揮権は完全に失った。それゆえ、新しい道長官はもっぱら文官としての職務だけを果たしたのである。とはいえ、軍隊への支払いと補給はせねばならなかった。三三〇年以降のローマ軍の機能不全の原因の一つをこの分断のうちに見出すことができる。

この改革が帝国行政に引き起こしたあらゆる結果を考えると、この近衛長官／道長官（プラエフェクトゥス・プラエトリオ）の改革は、コンスタンティヌス治世の政治的な出来事としては――四世紀の、ではないにしても――最も決定的な出来事だったように見える。

この改革はディオクレティアヌスによって築かれた行政機構を補完し、官吏の数をさらに増加させた。そうすることによって、この改革はローマのエリートたちに新しい就職口とキャリアパスを生み出した。コンスタンティヌスは官僚貴族層を発展させたのである。官職に就けるのはもはや貴族というわけではなく、逆になった。この点においてコンスタンティヌス期の社会は真に革命の産物だったのであり、功績や経歴が出生という基準よりも上に置かれることになったのである。

3　首都長官（プラエフェクトゥス・ウルビ）の改革――三三一年にコンスタンティヌスは首都長官の職務を改め、その権力を強化した。その結果、アウグストゥスによって創設されて以来皇帝に属していた食糧長官（プラエフェクトゥス・アンノナエ）が、その権威のもとに置かれることになった。

Ⅳ　軍制改革

コンスタンティヌスがローマ軍の配置を改めたというために、ゾシモスの一節がしばしば不用意に一般化されてきた。それは、帝国の防衛戦略が根底から変えられたと信じさせるものだった。ジャン＝ミシェル・カリエの魅力的な方法によって、この見方は再び問題とされるようになった。彼のおかげで、今ではコンスタンティヌスの軍制改革の真の性質が垣間見えるようになっている。

1　蛮族兵の徴募

三〇六年にコンスタンティヌスは野戦軍を父から受け継いだ。それは、ブリタニアの部隊とライン川流域の部隊からなるもので、それぞれピクト族に対する、あるいはゲルマン人に対する遠征のおかげで戦争には慣れていた。マクセンティウスに対峙するために、その定数を大幅に増やさねばならず、通常の新兵徴募のやり方では間に合わなかった。そのため、彼は蛮族の捕虜をその軍に登録させ、三一二年のイタリアでの勝利に際して彼らは無視しえない働きをすることになった。それゆえ、ゾシモスは彼を「初めて」蛮族をローマ軍に組み込んだとして批判したのである。これは事実に反し不正確であるにせよ、これほどの規模で蛮族兵を活用したのは、おそらく彼が初めてだっただろう。

2　改革のはじまり――改革のはじまりは三一一年の銘文、ブリゲティオ銘板から知られている『碑文学年報』一九三七年、二三二番)。これは財政上の免除や特権を現役兵士や退役兵に与えたものだが、その属する部隊によって程度に違いがあった。コンスタンティヌスの軍制改革の本質はこの点にある。つまり、軍の地位の新たな階層の構築である。

3　ローマ市のエリート部隊の廃止――コンスタンティヌスによる三つ目の軍事上の措置は三一二年秋に行なわれた。(マクセンティウスを打ち破ったあと)ローマに入るとすぐに、近衛歩兵隊と近衛騎兵隊(エクィテス・シンギュラレス)の解散を命じたのである。近衛軍団はアウグストゥスによって創設されて以来のエリート部隊だったが、武装解除され、その制服を奪われ、ローマ市北東部に位置していた営舎も破却された。コンスタンティヌスはその代わりに、ローマ人の護衛官(プロテクトレス)とともに彼の禁軍(コミタトゥス)を構成していた蛮族兵から徴募して、宮廷警護隊(スコラエ・パラティナエ)を創設した。

4　地上部隊の新たな配置?――長いあいだ、通説は次のようなものだった。つまり、コンスタンティヌスはローマ軍を二つの集団に分けたのではないか。河川監視軍(リペンセス)からなる辺境軍と(ベンジャミン・アイザックが三六三年以前にはリミタネイという用語は用いられていないことを示している)、野戦機動軍(コミタテンセス)という中央軍である。このような区分がテキスト上に初めて現われるのは三二五年のことである(『テオドシウス法典』七巻二〇章第四法文)。ゾシモスの批判は、コンスタンティヌスが、中心部の都市に部隊を配置するために、辺境地帯から軍を引き離したのではないか、というものだった。しかも、諸都市は軍隊など必要なかったし、そのために苦しむことになった、と〔二巻三四章二節〕。しかし、前線での防衛という戦略から縦深防御に変わったとか、コンスタンティヌスの戦略オプションがディオクレティアヌスのものとは異なっていたと想定するのは性急にすぎる。

この改革にまつわる混乱を解きほぐすのに、ジャン＝ミシェル・カリエの話に戻るのには意義がある。彼によれば、三二五年の法文は軍のヒエラルキーを三分割するもので、階級や部隊の種類についてはびこっていた混乱に秩序をもたらしたという。一番上には野戦機動軍（コミタテンセス）、つまり辺境に近い都市に駐屯する機動軍が置かれた。それゆえ、コミタテンセスは宮廷の軍を構成していたわけではなく、辺境地帯が危機にさらされた時、迅速に対処できるよう各地に配置されていた。おそらく、コンスタンティヌスがリキニウスと戦うために集めた軍を見てみれば良いだろう。その定数は皇帝の禁軍（コミタトゥス）のそれをはるかに上まわっている。カリエは、ディオクレティアヌスの傍近くにいて、その後、三一二年まではコンスタンティヌスの傍近くにいた禁軍（コミタトゥス）――それ以降は宮廷警護隊（スコラエ・パラティナエ）や護衛官（プロテクトレス）に対応する――と、野戦機動軍（コミタテンセンセス）を混同しないよう注意を促している。次に来るのは、より階級の低い河川監視軍（リペンセス）で、辺境地帯の砦に配置された部隊である。最後に来るのが、最も地位の低いアラレスやコホルタレスである。

したがって、コンスタンティヌスの改革を辺境地帯からの軍部隊の引きあげと同一視するのは誤解ということになろう。辺境地帯すべてをカバーするには定数が充分ではなかったが、それゆえ野戦機動軍

（コミタテンセス）という機動部隊が辺境地帯からそう遠くない場所に設立された。コンスタンティヌスの改革は、実際、規定上の改革だったのであり、地理的、戦略的な要素はほとんどなかったのである。

5　艦隊――艦隊は、コンスタンティヌスのリキニウスに対する勝利において決定的な役割を果たした。コンスタンティノポリスの創建のためにビザンティウムを選ぶにあたって、金角湾のもたらす港湾の潜在力はおそらく大きなものだっただろう。

6　司令部――コンスタンティヌスは、司令部の「根本的な変革」（ジャン＝ミシェル・カリエ）を行なった。軍部隊は、管区レベルではコメスによって、属州レベルではドゥクスによって指揮された。コンスタンティヌスの行なった変革の主たるものは、軍の総指揮権を近衛長官から取り上げ、それを軍司令官たち（マギストリ・ミリトゥム）に与えたことである。以後、騎兵部隊の指揮権は騎兵司令官（マギステル・エクィトゥム）に、歩兵部隊のそれは歩兵司令官（マギステル・ペディトゥム）に委ねられた。これらの称号が公式に確認されるのは三三七年以降のことでしかないが、これらがコンスタンティヌスによって創設されたというのは、歴史家の目には、非常に可能性が高いように思われる。

三世紀以来、それまで歩兵の補助兵力でしかなかった騎兵隊は、ローマの軍制内でその地位を高め、数を増した。コンスタンティヌスによる指揮権の分割は、両軍の同等性を反映したものにすぎず、二六〇年代に騎兵隊を主力とする野戦軍を創設したガリエヌスの措置を完成させたのである。コンスタンティヌスによって騎兵隊のクネイが創設されたのはなんらかの戦略的配慮に従ったものではないというのはありうることだが、カリエによれば、河川監視軍（リペンセス）に格下げされた野戦機動軍（コミタテンセス）の騎兵たちの地位を規定のうえで再評価しようとしたものだ、という。

三二五年以降、コンスタンティヌスの軍はディオクレティアヌス時代の軍とはすっかり違うものになった。それゆえ、コンスタンティヌスの改革はまさしく本格的な変化だったのであり、帝政末期のローマ軍の特徴を確実なものとした。すなわち、行政機構を模倣したピラミッド型の構造（司令官、コメス、ドゥクス）と文官の権力との分断、野戦機動軍（コミタテンセス）を中心とする部隊のヒエラルキー構造、定数の少ない部隊（数百人）、蛮族兵の徴募、といったものである。

V　幣制と税制

コンスタンティヌスは、インフレーションに対してディオクレティアヌスの行なった貨幣政策の失敗――二九四年の複本位制と三〇一年の平価切り下げ――から教訓を得た。彼はローマの貨幣を段階的に再構成していくさまざまな変革を進めた。それらは三〇七年から行なわれ、彼の権力拡大に合わせて進展した。そのため、コンスタンティヌス治世の貨幣史は、三二四年まではかなり複雑である。実際、この君主は、ディオクレティアヌス改革から受け継いだものとみずから作り出したものとを同居させていたのである。

その政策の主たる特色は三つある。すなわち、ソリドゥスという新しい規範となる金貨の制定と一般化、銀貨の縮小、少額貨幣の重量の継続的減少、である。

1　強力かつ永続的な金貨、ソリドゥスの誕生――ソリドゥスの誕生とそれに続くその一般化が、彼の治世の幣制上、大きな出来事だったことに異論はない。実際、その価値が初めて低下したのは六世紀半ばのことで、この貨幣の価値は異例の長期にわたって保たれたのである。

コンスタンティヌスが初めてこの新しい金貨をトリーアの造幣所で打刻させたのは、三一〇年春のことだったらしい。この貨幣の流通エリアは、コンスタンティヌスの権威とともに、帝国全土にまで広まっていった。

ソリドゥスの重さは、理論上、七二分の一リブラ、すなわち四・五四グラムだった。それゆえ、六〇分の一リブラ(五・四グラム)だったアウレウス貨よりも軽かった。コンスタンティヌスは、ディオクレティアヌスの打刻させた貨幣の失敗――たとえば、二九四年の改革で回復された複本位制のような――についてじっくりと考えるだけの知性を有していた。三二四年までは二種類の金貨が共存していた。リキニウスに対する勝利のあと、彼はアウレウス貨を捨てた。インフレ傾向にある中、アウレウス貨は退蔵され、すぐに流通しなくなった。コンスタンティヌスは、その流通を保障することで、ソリドゥスを基準として不可欠なものとしたのである。つまり、役人たちの俸給がソリドゥスで査定され、支払われるだけでなく、租税もこの貨幣で納入せねばならなかった。貨幣流通が回復して信頼が戻り、それとともに商業の繁栄も戻ってきた。三二一年には、繁栄が復活して致富が可能かつ頻繁なものとなったとして、ナザリウスは恥じ入ることなくコンスタンティヌスに謝意を表明している。

ソリドゥスは一挙にその名を確立した。それは異例の長期にわたって利用された。というのも、金貨は千年以上にわたってこの名称で流通したからである。しかしながら、その成功は不都合な結果も伴った。つまり、大部分の人びとはこの強力な貨幣の利用から排除されたのである。彼らは、その価値が下がっていた卑金属の貨幣でしか、細々とした取引をすることができなかった。それゆえ、ソリドゥスで富を蓄えた富裕層にとってはインフレーションは終息したにせよ、インフレは貧困層を貧しくし続けたのである。中間に位置する銀貨は存在しなかった。コンスタンティヌスはこの欠けた状態を、半ソリドゥスにあたるセミスという少額貨幣によって取り繕おうとした。スクリプルムやクイナリウスのような他の金貨も打刻されたことを付け加えておこう。さまざまな記念貨幣は、一・五ソリドゥス、二・三ソリドゥス、四・五ソリドゥスに当たるものがあったほか、さらには九ソリドゥスに当たるものまであった。

2　コンスタンティヌスの貨幣

(A) 銀貨――コンスタンティヌスはディオクレティアヌスのアルゲンテウス貨（九六分の一リブラ）を維持し、トリーアで半アルゲンテウス貨を打刻させた。三二〇年頃には、ミッリアレンシスという新しい通貨でアルゲンテウス貨を置き換えた。このミッリアレンシス貨は、当初六〇分の一リブラの重さだったが、三二四年以降は七二分の一リブラの重さで打刻された。ソリドゥスとの交換比率は一四対一だった。その名は、金一リブラの一〇〇〇分の一という相対的な価値に基づいていた。三二四年にはシリクァという別の銀貨が作られた。これはかつてのアルゲンテウス貨と同じ品位、つまり九六分の一リブラであり、ミッリアレンシス貨の四分の三の価値が与えられていた。この貨幣はミッリアレンシス貨と競合することになったが、総体としては銀貨の打刻は金貨より少なかった。その主たる要因は鉱山の枯渇である。それゆえ、三三一年に実施された神殿財産の調査は手持ちの金銀を新たにし、その金属類での新たな貨幣の打刻を可能にしたのである。

(B) 青銅貨の衰退——日常的に流通していたのは青銅貨だった。ヌンムスとかフォリスとか呼ばれたものである。旧来のフォリスは、三一八年に通用しなくなるよりも前、三〇七年(八・一グラム)と三一三~三一五年(三・四グラム)のあいだに、その重さが大幅に軽くなった。コンスタンティヌスとリキニウスはヌンムスという名で別の貨幣を作っていたが、二五デナリウスに相当する(銀のデナリウスはもはや貨幣としては流通していなかったが、依然として計算単位としては使われていた)。この貨幣は、もともと二・六グラムで直径一八~二〇ミリメートルだったが、三三六年にはその重さも直径の長さも小さくなった(二グラムで、一七ミリメートル)。

したがって、コンスタンティヌスの貨幣政策の主たる結果は、金の流通量を増大させ、貨幣制度に中心的な場を与えることだった。しかし、その名目価値で使われていたソリドゥスの力は、銀メッキされた青銅貨の価値を引き下げ、それらはもはや信用上の価値しか持たなくなった。このことは社会に決定的な亀裂を引き起こした。すなわち、富裕者はこれまで以上に金の所有に結び付くようになり、金を持たざる者はさらなる貧困へと陥ったのである。

3　財政部門の再構成――コンスタンティヌスの治世初めに、国庫は騎士身分の二人の人物の管理下に置かれた。財産管理官（ラティオナリス・スンマルム）が皇帝金庫を率い、その補佐役である帝室財産担当官（マギステル・レイ・プリウァタエ）が皇帝領を治めた。三二〇年から三二六年のあいだに、これらの役割にあたる職種の名称が変更された。財産管理官は三二六年ころに帝室財務総監（コメス・サクラルム・ラルギティオヌム）となった。帝室財産担当官は帝室財産管理官（ラティオナリス・レイ・プリウァタエ）となり、次いで帝室財産管理総監（コメス・レイ・プリウァタエ）となった。これら二つのペルフェクティッシムス級の役職は、皇帝の金庫（アエラリウム）の運営を分掌し、以後、近衛長官の金庫とは分離された。

4　租税――コンスタンティヌスは、ディオクレティアヌスによって導入されたユガティオ・カピタティオとインディクティオという租税制度を完成させた。その治世前半が、ガリアで滞納税を免除したように、租税の面では寛容だったのと同じくらい、その治世後半の課税は厳しいものだった。

三一二年に、五年だったインディクティオの間隔が一五年とされた。土地台帳を五年ごとに改定するのは不可能なことが短期間で明らかになったのである。そのため、この膨大な作業はもっと時間的余裕を持って行なわれることになった。しかし、一五年という間隔には問題もあった。事実、土地が売られてしまったり、荒れ地に戻ってしまったりすることもあったのである。それゆえ、ユガティオ・カピタティオは現状に合わない課税基礎に基づくことになった。同様に、土地価税は〔土地の〕細分化によって課税基礎が不充分になるというリスクを冒すことにもなったのである。

コンスタンティヌスは、臨時の租税――王冠金と奉納金――を制度化した。王冠金は諸都市の指導層に課された。強制的な贈与の一種である。奉納金は皇帝の誕生日に同じく元老院議員によって提供された贈与だった。彼は、おそらく三二五年ころ、元老院議員土地税（グレバ）――時にコラティオ・グレバリスと呼ばれることもあった――を創設した。これは同じく元老院議員が土地資産に応じて、二か、四か、あるいは八フォリスを支払うものだった。ロラン・デルメールの示すところによれば、その額はおそらく四分の一リブラの金か、二分の一リブラ、あるいは一リブラに対応していたが、元老院議員たちにとっては微々たるものだった。

三一四年から三一八年のあいだに、新しい税が創設された。クリュサルギュロンである。これを生み出したのがコンスタンティヌスなのか、あるいはリキニウスなのか、それはわからない。いずれにせよ、たとえ〔リキニウスが創設したのだという〕後者の説が正しかったのだとしても、コンスタンティヌスはそれを廃止しなかった。クリュサルギュロンは定期的に、会計年度（ルストゥルム）ごと――すなわち四年ごと――に商業従事者に請求された。四年分としてはその総額は大したものではなかったが、だからといって、その不人気ぶりを緩和することにはならなかった。その名が示すように[1]、これは金で請求された。その伯父〔コンスタンティヌス〕に対するユリアヌスの皮肉は、おそらくここに発するものだろう。彼は、コンスタンティヌスを金貸しだった、と批判しているのである。クリュサルギュロンによって、すなわち娼婦や不名誉な職業の人びとの支払った金で、国家が富裕になっている、と憤慨したローマ人たちもいた。おそらく、リアリストたるコンスタンティヌスは、ウェスパシアヌスと同様、「お金に臭いはない」と思っていたのだろう。(2)

(1) 接頭辞chrys-が「金」を示す〔訳註〕。
(2) ウェスパシアヌス（在位：六九～七九年）は、財政の立て直しのため、公衆便所に屎尿税を課した。その批判に対する彼の回答がこのようなものだったといわれている。スエトニウス、『ローマ皇帝伝』「ウェスパシアヌス」二三章参照〔訳註〕。

貨幣流通を再び活性化させようという皇帝の意思は、最終的に、コンスタンティヌスの決断によって、現物で納めるべき租税を現金で支払うのを許すという事態になって立ち現われた。後代の人びとが呼ぶところのアダエラティオという制度のことだが、のちに新兵供給にも適用されたからである。しかしながら、三三〇年以降、この君主はコエンプティオネス——貴金属を強制的に貸し付け、すぐに小額貨幣で返還させた——を断念した。

5　支出——コンスタンティヌスの用いた財源は、第一に、リキニウスの財貨だった。租税の上がりでは充分ではなかったので、コンスタンティヌスは神殿財産——三三一年に目録が作られた——に手を出し、その一部を没収した。リバニオスが言っているように、「神々はその富をはぎ取られた」のである。この措置は、しばしば誤って、伝統宗教に対するキリスト教的な攻撃だったと見なされた。実際には徴

発にすぎない。コンスタンティヌスは、すでに重かった税の取り立てを増すのではなく、貴金属がたくさんある所からそれを取り立てることに決めたのである。『皇帝伝要約』のいうところでは、彼の治世の最後の三分の一は浪費の時代だった。コンスタンティノポリスでの大規模な建設事業が巨額の支出を引き起こしたことは明らかである。

第三章　コンスタンティヌスのおびただしい立法

その治世の三十一年間、コンスタンティヌスは活動的な立法者だった。『テオドシウス法典』（四三八年、略称ＣＴｈ）と『ユスティニアヌス法典』（五二九～五三四年、略称ＣＪ）のおかげで、また『学説彙纂』（五三三年）によっても同様に、彼については三六〇以上の法が知られている。平均すると実際には不均衡であることがわからなくなってしまうので、一年あたり一〇以上の法があることを強調しても無益だろう。実際、その治世の中には、他の時期よりも集中的に立法を行なった時期があった。たとえば、三一九年は数が多く、四四の法がある。しかしながら、〔コンスタンティヌスの立法〕数は無視できないものであるとはいえ、四世紀で最も多いわけではないことも付け加えておくべきだろう。事実、ウァレンティニアヌス一世（在位：三六四～三七五年）は、その治世一一年のあいだに四〇〇近い法にサインしたのだから。

I　コンスタンティヌスと法

1　公法と伝統への配慮——コンスタンティヌスは法典の編纂は命じなかったものの、彼の法に対する

関心は、その治世中に行なわれた法集成の内に明瞭に見出すことができる。たとえば、西方を支配下におさめていた三一八年から三二四年には、こんにち『ヴァチカン断片集』の名で知られている法律家たちの文章のアンソロジーが出版された。リキニウスに対する勝利のあとには、二九五年に遡る『ヘルモゲニアヌス法典』の第三版が知られており、いくつかのコンスタンティヌスの法が収められている。そのうえ、三世紀初頭の有名な法律家であるパウルスの『断案録』の校訂が行なわれたのもこの時代のことだった。さらに、セウェルス時代の法律家たちの著作をコンスタンティヌスがどれほど評価していたかを、二つの勅令が示している。三二一年九月二十八日の勅令（『テオドシウス法典』第一巻第四章第一法文）は、ウルピアヌスとパウルスのパピニアヌスに対する註解に法律家たちの施した修正を無効とした。三二七年（？）九月二十七日の勅令についていえば、パウルスの『断案録』に完全な法的価値を与えている（『テオドシウス法典』第一巻第四章第二法文）。彼は、三二四年五月から三二六年七月にかけて、法に反すると判断された勅答のように「暴君」たるリキニウスの勅法を無効とする三つの法を出したところ

313	11	326	44
314	13	327	9
315	30	328	6
316	12	330	8
317	11	330	7
318	5	331	11
319	46	332	7
320	19	333	8
321	26	334	9
322	9	335	5
323	7	336	7
324	5	337	4
325	17		

年代不明（『テオドシウス法典』と『ユスティニアヌス法典』）: 25

表：『テオドシウス法典』中のコンスタンティヌスの法（年代別）
（テオドール・モムゼン版に基づく）

だった（『テオドシウス法典』第一五巻第一四章第一〜三法文）。ライバルを排除したあと、コンスタンティヌスは「古法（ユス・ウェトゥス）」への回帰とみずからの措置を参照することを命じたのである。リキニウスの勅答は、合法と判断されたものだけが残された。

2　年代による状況——コンスタンティヌスの法を年代順に考察すると、その立法活動の多くが治世半ば、すなわち三一四年から三二六年にかけて行なわれたことがわかる。リキニウスに対する勝利の直前と直後である。これはコンスタンティヌスが西方の単独支配者となった時期に対応する。その権威を三二四年に東方へと拡大した時には、彼の治世の法的な基盤はすでに定まっていた。あとは東方へとそれらを拡張し、完全なものとするだけだったのである。調べてみると、法の多い時期が三つあるこ

I	公職	27
II	訴訟手続	33
III	家族法	19
IV	財産	23
V	相続	7
VI	宮廷官職	11
VII	軍事	14
VIII	汚職	25
IX	刑罰	43
X	財政	20
XI	税	44
XII	都市関連法	30
XIII	負担の免除	17
XIV	職業と食糧供給	6
XV	見世物	11
XVI	宗教	16

表：『テオドシウス法典』中のコンスタンティヌスの法（巻別）

とがわかる。すなわち、三一三〜三一七年（七七点）、三一九〜三二一年（九一点）、三二五〜三二六年（六一点）である。あるいは、この十四年間で二二九点である。『テオドシウス法典』で知られているコンスタンティヌスの法の六〇パーセントを占めており、治世の三分の一に満たない期間にこれだけの法が発布されたのである。三二一年の頌詞の中でナザリウスがコンスタンティヌスの「新法（ノウァエ・レゲス）」を称えていることも、それまでの八年間に一六三点もの法があったのだから、理解はできる。

3　法の類型――四二九年に、九年後に『テオドシウス法典』を生み出すことになる法典編纂計画をテオドシウス二世とウァレンティニアヌス三世が発表した時、皇帝たちはテーマ別に分類することを求めた。それは一六巻という形で実現した。その一覧を見てみると、三一三年以来、コンスタンティヌス

の治世に大きな関心事となっていたのが何だったのか見出すことができる。

Ⅱ　コンスタンティヌスの立法の基本的特色

三二一年の頌詞の中で、ナザリウスは、治世最初の十五年間にコンスタンティヌスによってとられた措置の良かった点をまとめている。豊富な食糧、都市の整備、富裕化、そして「悪徳をたたき、良俗を復興させた」新たな諸法、といったものである。コンスタンティヌスの法の集成は膨大なものであり、それだけで充分な研究となるだろう。それにもかかわらず、その基本的な特色を手短にまとめることはできる。

1　法的な枠組みの強化

――コンスタンティヌスは、セウェルス朝時代の法資料の価値を確認するだけでは満足しなかった。彼は、帝国内で法を強化することを企図したいくつかの原則を確立した。三一四年から三一九年にかけて発布された数多くの法は、勅答（請願に対する返答）の効力を定めたものだった。元首の単なる覚書（アドノタティオネス）よりも、皇帝書簡などの勅答のほうがより尊重されるべき、とされた（『テオドシウス法典』第一巻第二章第一法文）。しかし、勅答の価値はすでに確立された法の価値には劣るものとされ、総督は国法（ユラ・プブリカ）を尊重すべきものとされた（『テオドシウス法典』第一巻

第二章第二法文）。そして、勅答は、勅令よりも先に発布されたものに限り効力を持つものとされた（『テオドシウス法典』第一巻第二章第三法文）。さらに、三二二年七月二十六日以降、日付とコンスル名のない勅令や勅法は無効とされたのである（『テオドシウス法典』第一巻第一章第一法文）。

2 公的生活の健全化

(A) 裁判――コンスタンティヌスが裁判の健全な運営に関心を示していたことは、数多くの法が証言している。彼が最初に関心を示したのは、健全な訴訟運営と手続期限の尊重だった。上訴手続きが遅れやすいこと、そしてその手続を尊重すべきであるということについて、いくつかの法で声高に述べられている。密告や中傷の拒否についても、厳密に表明された。三二〇年には、中傷のような告発を取り上げず、それらを燃やしてしまうよう命じている。密告者は、絞首刑や舌を根元から切り取るといった残酷な刑で罰せられた（三一九年十二月一日の『テオドシウス法典』第一〇巻第一〇章第二法文）。

さらに、弁護士たちの貪欲に対しても法が定められ、以後、強欲や不正な栄誉を理由として解任できることになった（『テオドシウス法典』第二巻第一〇章第三～四法文、三二五年と三二六年）。これらの法の目的が、裁判を受ける人たちを、遅延や延期、買収、法廷の悪徳から守ることだったというのは注目に値する。とくに強調されたのは、属州総督が訴えを聞き、もし必要があれば上訴審へ――近衛長官に対して、あるいは皇帝にさえも――付託すべし、ということだった。

刑罰の実施にあたっては、人道的配慮が掲げられている。鉄製の手錠の利用は制限された。拘留中の人も日光を浴び、健康的な小部屋を持ち、日が昇った時に毎日散歩する権利を手にした（三二〇年六月三十日の『テオドシウス法典』第九巻第三章第一法文）。十字架上の人物の足を傷つけることや、さらに十字架刑それ自体、顔に罪人の刻印をつけること、剣闘士競技に送致されること、これらを廃止したことも挙げられる。

大きな変化を二つ挙げるとすれば、市民が司教裁判に訴え出るのを可能にしたこと（『テオドシウス法典』第一巻第二七章第一法文）、そして日曜日の審理を禁じたことである。日曜日に許された法的行為は、父権解除と奴隷解放だけだった（三二一年七月三日の『テオドシウス法典』第二巻第八章第一法文）。

(B)帝室財産収容史（カエサリアニ）の腐敗の厳罰化――「下僚ら（オフィキアレス）の強欲な手は、今すぐになくなるべし！」（『テオドシウス法典』第一巻第一六章第七法文）。三三一年十一月一日の法に見られるこの糾弾は、コンスタンティヌスの法の多くで見られる皇帝の関心事を端的に言い表わしたものである。この法は、賄賂を求めることを下僚たちに禁じ、富裕者と同じく貧民からの訴えもしっかりと聞くよう命じている。

不正を犯したり買収されたりした役人に科された刑罰は非常に厳しく、多くの場合、死刑となった。不正行為を認定されたら、帝室財産（レス・プリウァタ）たる染色工房と織物工房の管理官でも、あらかじめローマ市民権を剝奪されたうえで、死刑に処せられた（三三三年の『テオドシウス法典』第一巻第三二章第一法文）。軍用食糧の場合についても、腐敗は厳しく取り締まられている（『テオドシウス法典』第七巻第四章第一法文と第一二章第一法文）。不正をはたらいた財務担当官や徴税役に対しても重い刑罰が定められている（『テオドシウス法典』第八巻第一章第四法文）。帝室財産の管理補佐官が不正行為を告発され、それが立証された場合には、その者は生きたまま焼かれた（『テオドシウス法典』第一〇巻第四章第一法文）。実際、この法の中でコンスタンティヌスは、「我らの権限に服し我らの職務規定を遵守すべき者」に対してはきわめて厳しい罰が科されてしかるべきだ、と命じている。この冷酷さは、コンスタンティヌスにすれば、帝国の直面する最も深刻な悪弊のひとつを抑制するための唯一の手段だったのである。

(C) 公共便（クルスス・プブリクス）――属州と宮廷のあいだの関係を絶えず確保しておくために、帝国による郵送業務は国家の柱の一つだった。コンスタンティヌスはそのために四つの法を費やしており、それらは駄獣や荷車の利用について定めている（『テオドシウス法典』第八巻第五章第一～四法文）。コンスタンティヌスは、農作業に用いられるべき牛を公共便に充てるのを禁じた（三一五年一月二十二日）。公共用の駄獣を棍棒で手荒に扱うのを、降格や除隊処分という罰をもって禁じ、牛を駆り立てるのに柔らかい棒を用いるよう命じてもいる（三一六年一月十四日）。最終的には、公共便用の馬を、荷車さえも、公務で目的外利用することも禁じられた（三二六年）。

(D) 貨幣偽造対策――三一七年以降、ソリドゥス貨の重さを変えたり模造品を作ったりした者は死刑に処せられた（『テオドシウス法典』第九巻第二二章第一法文）。金貨の計量も基準が定められた（『テオドシウス法典』第一二巻第七章第一法文）。

3 家族の保護――家族に関する分野では、コンスタンティヌスの立法には二つの主たる関心事が見て

とれる。一つは財産の保全である。書面で残された遺言、配偶者間での贈与、（相続の）放棄、後見や保佐、相続人のあいだでの分与、これらに関わる法は数多い。もう一つは、配偶者や未亡人、未成年者、とくに被後見人の保護である（『テオドシウス法典』第一巻第二二章第一〜二法文、第二巻第四章第一法文）。数多くの法で、後見人の非難されるべき行為について述べられている（強奪、怠慢、被後見人の財産の売却、性的な背信行為）。女性の保護も打ちだされており、母親と子供たちのあいだで、あるいは再婚後でも、相続財産が平等になるよう定めている。子供の遺棄を罰する法は二つある（『テオドシウス法典』第五巻第九章第一法文、第一〇章第一法文）。姦通についても、同様に規制がなされた（『テオドシウス法典』第九巻第七章第一〜二法文）。自由人女性が男の奴隷と関係を持った場合には、法はとくに厳しかった。その女性は死刑に処せられ、奴隷も火刑となったのである（『テオドシウス法典』第九巻第九章第一法文）。

4　退役兵への好意――三二〇年から三二八年のあいだに、時宜にかなった五つの法によって、二〇年、あるいは二四年勤務したうえで退役した兵士たちの諸権利や特権が確立された。退役兵たちは、空き地を購入するために二万五〇〇〇フォリスを現金で受け取ったほか、そこに定住するためにつがいの牛と種蒔用に一〇〇桝分の種子を受け取った（『テオドシウス法典』第七巻第二〇章第三法文、三二〇年十月十三日）。彼らは、市民の負担や公共奉仕、間接税、関税などを免除されるという特権も享受した。実際、コンスタンティヌスは、兵士たちの忠誠に報いるため、彼らのために「永遠なる平穏」を望んでいた（『テオドシウス法典』第七巻第二〇章第二法文、三二〇年、あるいは三二六年の三月一日）。三二四年四月には、兵士たちはリキニウスに対する勝利について書板[1]によって公式に謝意を表わされたうえで退役した（『テオドシウス法典』第七巻第二〇章第一法文）。翌年、野戦機動軍（コミタテンセス）と河川監視軍（リペンセス）の兵士や下士官（プロテクトレス）とその家族たちのために、課税基礎の査定から彼らを削除することが法によって定められている（『テオドシウス法典』第七巻第二〇章第四法文）。

（1）ここでいう書板とは、恒久的な記録を残すために作製された青銅板のことを示すものと思われる〔訳註〕。

これらの特権は部分的には退役兵の息子にも及んだ。息子も軍に勤務して除隊した場合、彼らはそれを許されて属州総督府に加えられたのである（『テオドシウス法典』第七巻第二〇章第二法文）。軍に一六年勤務したあとには、彼らは市民の負担を免除された。逆に、意図的であれ不適応ゆえであれ、彼らが兵士としてのキャリアを拒否した場合、その者がもし〔都市参事会員として〕ふさわしい（イドネイ）と判断されたなら、諸都市で都市参事会員としての務めに服さなければならなかった（『テオドシウス法典』第七巻第二〇章第一～五法文）〔『テオドシウス法典』第七巻第二二章第二法文も参照せよ〕。

5　都市参事会員に関する法文の重要性

法的な問題に関して、コンスタンティヌスが最も多くの法を制定したのが都市参事会関連の事柄である。それらの法は、都市参事会のメンバーが都市運営上の責任から、軍隊へ、あるいは官庁へ、あるいはそれ以外の免除をもたらしてくれるかもしれない資格へと、彼らが逃亡していったという事態を明らかにしている。したがって、それらの法の主たる特色は、免除の厳密な制限、「逃亡者」を元の参事会へ強制的に連れ戻すというアピールの繰り返し、都市参事会員に対するペルフェクティッシムス級やエグレギウス級、あるいはケンテナリウス級やドゥケナリウス級——毎年一〇万あるいは二〇万セステルティウスの給与が得られるというもの——の資格付与の禁止、といったものである。同様に、元老院も都市参事会員の受け入れを禁じられた。

これらの法は、都市参事会員にふさわしい市民がそれを免れた珍しい事例について事細かに並べている。しかし、これらの法は恣意的な強制も禁じている。食糧供給や皇帝礼拝の責任者は、一部の職業の従事者や十八才未満の人、五人の子供のいる父親と同じく、都市参事会に加えられてはならないものとされた（『テオドシウス法典』第一二巻第一章第一〜一二法文、同第五章第二法文と第一七章第一法文）。

6 職能組合と特定の負担

——コンスタンティヌスは、食糧供給（アンノーナ）の負担と仕事について立法を行なった。一〇点ほどの法が、食糧輸送に責任を負った船主（ナウィクラリィ）について扱っている（『テオドシウス法典』第一三巻第五〜六章）。三一五年から、船主たちはパン屋の組合に加入させられた。その負担から身を引くことは禁じられたが、それ以外のあらゆる負担は免除された。世襲財産は保障されたものの、パン屋と同様に財産の売却は禁じられた。供給される豚の重さと価格は厳密な管理下に置かれた。誰も所有権を主張できない状態になった油販売所は、首都〔ローマ〕の〔食糧長官の〕部局によって二〇フォリスで売却されるものとされた（『テオドシウス法典』第一四巻第二四章第一法文）。

医師や文法教師、〔その他の学芸の〕教師たちのように、「いっそう容易に自由学芸を教授できるように」負担を免除された職業もあった（『テオドシウス法典』第一三巻第三章第一〜三法文）。特段の好意を持って扱われた一例が建築師と職人たちである。建築師の不足ゆえ、コンスタンティヌスは、三三四年の法で、彼らにアフリカでは負担からの免除を与え、自由学芸を学んだ最低でも十八歳の人びとを募集するよう指示している（『テオドシウス法典』第一三巻第四章第一法文）。三三七年には、職人たち（アルテフィケス・アルティウム）がより多くの時間を作品の製作と弟子の教育に使えるようにと、あらゆる市民の負担を免除されることになった（『テオドシウス法典』第一三巻第四章第二法文）。この法の別バージョンが『ユスティニアヌス法典』（第一〇巻第六六章第一法文）から知られており、それによれば免除に与る三五の職種があったという。

「技師、医師、獣医、絵師、彫像職人、大理石工、格間職人、石工、石材工、彫刻家、モザイク職人、金鍍金職人、左官、銀細工師、金刺繡細工師、線条細工師、銅細工師、鋳物師、大工、建築師、階段製作工、指物師、鍛冶師、紫染色工、舗石職人、水測量士、陶工、金細工師、ガラス職人、鉛細工師、鏡職人、象牙細工師、毛皮職人、車駕大工、縮絨工」

これらは健康や建築、帝国の威光に関わるものであり、重要性が高いと考えられていたことがわかる。

7　国庫に対抗するための保護策——ディオクレティアヌス以降、税制がどれほど厳格さを増したかはわかっているし、コンスタンティヌスがそれを踏襲したこともわかっている。しかしながら、納税者は役人の権力濫用に対して何の防御策もないままに放置されていたわけではない。納税者はみずからを守り、属州総督に対して訴訟を起こし、不当に課されたものを元に戻させるべく上訴する、という権能を持っ

ていた（『テオドシウス法典』第一〇巻第一章第一法文、同第四～五章、同第八章第三法文）。無論、適法な期間内にそれを行なうという条件で、である。払うべきお金は、名前を挙げて諸都市の記録保管庫（タブラリウム）に記録され、支払能力のない債務者が牢獄に入れられることはもはやなかった（『テオドシウス法典』第一一巻第七章第一～三法文）。逆に、延滞税の徴税役は、土地所有者の延滞金を確保するために、土地売却手続きを進めることができた（『テオドシウス法典』第一一巻第七章第四法文）。

8　キリスト教的側面？――コンスタンティヌスの法というテーマに対して投げかけられる大きな問題

のひとつは、その法がキリスト教の影響を受けていたのかどうか、というものである。これは微妙な問題である。というのも、慈悲に帰されうるこの問題は、慈善という古代の哲学的徳目にも関わるものだからである。たとえば、子供の保護に関する法――すなわち、孤児に対する支援、貧しい子供への食糧提供（アリメンタ）、子供を危険に曝したり売ったりすることの禁止、少女誘拐に対する厳罰――がそうである。

この皇帝がキリスト教に帰依していたことが影響したと思われる法もある。たとえば、三一五年に、十字架に架けられた者の脚を傷つけることが禁じられ、ついで十字架刑自体が禁止された。（円形闘技場の）アリーナや鉱山に送られる罪人の額に刻印を押すのをやめたことも明白な事例である。彼らはもはや顔に罪の印を付けられることはなくなり、腕かふくらはぎに刻印を受けるだけになった（『テオドシウス法典』第九巻第四〇章第二法文、三一五年三月二十一日）。同様に、日曜日休みの導入（三二一年）や罪人による剣闘士競技の禁止（三二五年）もコンスタンティヌスの宗教に帰すことができる。コンスタンティヌスは血を流さない（シネ・サングイネ）刑罰を望んだので、以後、罪人たちは鉱山に送られた。コンスタンティヌスによれば、「血なまぐさい見世物は市民の閑暇（オティウム）と国内の静穏にとって好ましくない」（『テオドシウス法典』第一五巻第一二章第一法文）のである。他方、宗教問題に充てられた『テオドシウス法典』の第一六巻では、コンスタンティヌスの法をそれほど見出すことはできない。第一六巻のコンスタンティヌスの諸法は、負担からの免除やカトリック聖職者の保護、ユダヤ教徒とキリスト教徒の関係に関するものである。

エウトロピウスは、コンスタンティヌスの立法行為については迷いを示している。「善と正義に基づいたいくつかの」法を称える一方で、その法の大半は無用（スペルフルアエ）であり、中にはあまりに厳しいものもあった、と考えている（『首都創建以来の略史』一〇巻八章）。『皇帝伝要約』の作者も、あまりにも厳しい、という意味でまったく同意見だった（四一章一四節）。そこに、三〇六年から三二四年までの混乱のあとに帝国をその手におさめたことの強力な――そして君主政的な――痕跡を見出せるだろう。権力の腐敗と濫用という背景の中で、コンスタンティヌスが統一と秩序、公正の人だったこと、そしてその立法が厳格さによって裏打ちされていたことは明らかである。コンスタンティヌスが厳密に階層化された社会を望んでいたことは確かだが、しかしそこでは国家の役人といえども弱者を踏みつけにすることはなかっただろう。

第四章　コンスタンティヌスの宗教政策

Ⅰ　一体性の模索

ピガニオルは、コンスタンティヌスの宗教政策を「気まぐれで支離滅裂な」ものだったと評している。この偏見に満ちた言い方は酷いカリカチュアにすぎない。その政策は、二つのものを求めて試行錯誤した〔コンスタンティヌスという〕一人物の政策なのである。〔その二つのものとは、コンスタンティヌスが〕個人的に、精神的に求めたものと、その権力にうまく便乗しようとした宗教〔キリスト教〕の求めたものである。しかし、もっぱらその関心は、三一四年以来コンスタンティヌスが執拗に求め続けた教会の一体性へと向けられた。

1　寛容

(A) コンスタンティウス・クロルスの中庸という遺産――三〇三年のキリスト教徒迫害令発布から三〇六年に死去するまで、コンスタンティウス・クロルスがキリスト教徒に不安を与えることはなかった。その寛大さゆえ、彼自身もキリスト教徒だったのではないか、と考えられることもある。しかし、その証拠は何一つ存在しない。むしろ逆である。もしコンスタンティウス・クロルスがキリスト教徒だったのなら、彼の息子〔コンスタンティヌス〕が彼の元に合流してすぐに、息子をキリスト教へと導いていただろう。ところが、三一〇年にコンスタンティヌスが神殿でアポロ・グラヌスに敬意を捧げていたことがわかっている。コンスタンティウスがキリスト教徒に対して寛容だったのは、おそらく二つの理由による。一つは彼個人の中庸さであり、平穏を好み、時ならぬ迫害の炎を燃やすのは不適当だと判断したのだろう。もう一つは、帝国最西端の諸管区はキリスト教化がさほど進んでいなかったことである。実際、ヒスパニアやガリア、ブリタニアでは、キリスト教化の進展は三世紀中にはさほど進まず、四世紀初頭以降に起こったものだったことが諸史料からわかっている。

(B)三一一年の寛容令――三〇六年以降、コンスタンティヌスは父の政策を継続した。その寛容政策は、改宗前の段階では、セルディカ勅令の発布によって頂点を迎えた。この勅令は、三一一年四月末、死を目前にしたガレリウスによって発布されたもので、三〇三～三〇四年の諸勅令の執行を停止し、キリスト教徒迫害に終止符を打った。その文書はカエサリアのエウセビオス（『教会史』八巻一七章）とラクタンティウス（『迫害者たちの死』三四章）によって記録されている。

(C)三一三年のミラノ書簡――三一三年二月、コンスタンティヌスは同僚であるリキニウスとミラノで会談した。両正帝は、ビテュニアとパレスティナの総督に対して、セルディカ勅令の措置を確認し、それらを履行するよう命じた通達を送付した。その目的は、「公共の利益と安寧」だった。これ以降、キリスト教徒は何の不安を抱くこともなく、彼らの信仰を自由に実践することができた。さらに、諸教会はその財産を回復した。この寛容がキリスト教徒に対してだけ適用されたわけではないことも付け加えておこう。この通達の文書は、「みずから選んだ宗教に従う自由」をあらゆる人びとに明白に与えている。したがって、マクシミヌス・ダイアやキリスト教嫌いの総督たちが迫害を続けていたような属州においても、この通達は信教の自由を確立したのである。この通達はキリスト教に布教の自由も認めており、暗にキリスト教に好意を示したものだった。

この文書は依然として、誤って不正確に「ミラノ勅令」と呼ばれている。そのうえ、この文書が本来持っていないような基礎的な重要性まで与えられている。〔三一一年の寛容令と〕同様に、この文書もラクタンティウスとエウセビオスが記録したものによって現代まで知られている〔『迫害者たちの死』四八章、『教会史』一〇巻五章〕。両正帝の署名した二書簡に関する記事である。これらの書簡は、両君主のあいだの和合も示している。

三一三年四月三十日、リキニウス軍はマクシミヌス軍をトラキアのカンプス・エルゲニウスで撃破した。マクシミヌスは小アジア西部をリキニウスに明け渡して敗走し、セルディカ勅令と同じ内容の勅令を発布した。三一三年六月十三日、送付以来四か月を経て、ミラノ書簡がニコメディアで掲示され、その年の夏、マクシミヌスはタルソスで死亡した。

2 公会議

(A)コンスタンティヌスがその治世前半に召集した二つの公会議(三一四年のアルル公会議と三二五年のニケーア公会議)——アルル公会議はアフリカのドナトゥス派論争の解決が目的であり、ニケーア公会議は、エジプトやシリア、コンスタンティノポリスにおいてさえも混乱を引き起こしたアリウス派論争の解決が目的だった。コンスタンティヌスの心配は、これらの論争によって脅かされていた教会の一体性にあった。そして、その目的は、教義についてはさておき、これらの論争によって危機にさらされた社会秩序をしっかりと回復させることだった。

二つの公会議は、まず、復活祭を祝う日付の統一について議論した。やり方の不一致を是正することが重要だったのである。アルルでは司教たちはドナトゥス派を断罪し、ニケーアではアリウス派を断罪した。この後、四世紀中にカトリック——すなわち、「普遍」の意——と呼ばれることになる正統教義が生まれた。この一体性の追求がキリスト教内にとどまっていたことは明記しておくべきだろう。というのも、ミラノ書簡に従って、コンスタンティヌスは他の諸宗教を排除しようとはしなかったからである。

(B)ドナトゥス派への反対——ドナトゥス派は、三〇三~三〇五年の迫害のあと、アフリカで生じた。まずマヨリヌスが、ついで三一三年以降はドナトゥスが、カルタゴ司教カエキリアヌスを迫害期間中に聖なる書物を〔官憲に〕引き渡した、として非難した。ところが、コンスタンティヌスは〔迫害期間中に〕没収された教会財産をカエキリアヌスに対して回復するよう命じていた。ドナトゥス派はその件についてコンスタンティヌスに請願を行なった。三一四年二月にローマで開催された最初の公会議のあと、コンスタンティヌスはアルルに公会議を召集し、その年の七月に開催された。この公会議はカエキリアヌスを支持し、ドナトゥス派の請求を却下した。ドナトゥス派はそれに満足せず、このあと数十年にわたって支持者を獲得した。三一六／三一七年から三二一年までのあいだ、コンスタンティヌスはドナトゥス派に対して軍事力を行使したものの、この強硬策は所期の目的とは正反対の結果をもたらした。ドナトゥス派は再び殉教と結びつけられることになったのである。彼らはコンスタンティヌスを迫害者とし、君主の教会に対して、アフリカの教会という分離派としての側面を際立たせていった。

この運動の中に、民族主義《ナショナリズム》的な流れを見出そうとした歴史家もいた。また、貧民の反乱と見なす歴史家もいた。しかし、クロード・ルプレをはじめとする近年の研究では、このような見方は否定されている。確かに、ドナトゥス派が農村地帯の失業者たち——キルクムケリオネス——と組むことも時にはあったものの、ドナトゥス派には、元老院議員も含めた重要人物も含まれていたのである。「民族主義《ナショナリズム》」と主張されてきたものについていえば、かつてテルトゥリアヌスやキュプリアヌスによって肉付けされたアフリカ教会の厳格さという伝統に拘泥する一種の地域主義とみなすべきものである。コンスタンティヌスの治世末期には、ドナトゥスによって招集された公会議に二七〇人の司教が集っていたから、ドナトゥス派はアフリカ教会とほぼ同一視されるものだった。このことは、コンスタンティヌスの——力と法によって教会の一体性を回復させるという——政策が失敗に終わったことを示している。

(C) アリウス派への反対——ニケーアの公会議は、アリウス派論争について裁定を下すために開催された。アリウス派は、その名をアレクサンドリアの司祭だったアリウスに負っている。三一〇年代末、アリウスは三位一体に問題を引き起こすことになるテーゼを主張した。事実、アリウスは、神を構成する三つの位格のあいだにヒエラルキーを導入したのである。三者をともに永遠に存在するものと考えずに、父だけが唯一永遠であり、ほかの二者、子と聖霊は被造物であって父から発するものだ、とアリウスは主張した。「父がいまだ父ではなかった時のことだった。」これが、アリウスがその主張をまとめた『タリア』の最初の文言である。アリウス派は、父という位格から子と聖霊を作り出したロゴスに基づくことでキリスト教徒を引き付けたが、それに賛同しない者にとっても、キリスト教の教理をさら深めることに貢献したのである。

アリウスはアレクサンドリア司教アレクサンドロスの反対に直面した。アレクサンドロスは、ある教会会議の中で三二〇年にはじめてアリウスを批判した。しかし、アリウスの教説は急速に広がり、アリウス派が自派の司教を任命し始めたために、教会の一体性を脅かすことになった。

リキニウスに勝利してニコメディアに入って以来、コンスタンティヌスはこの問題を認識していた。彼は〔対立を〕調停するために自分の顧問だったコルドバ司教ホシウスをエジプトに派遣したが、その任務は失敗に終わった。それゆえ、この君主〔コンスタンティヌス〕は帝国全土の司教を公会議に招集した。司教たちは、三二五年五月、ニコメディアに集うことになった。司教たちが楽に移動できるように、コンスタンティヌスは彼らに通行証（エウェクティオネス）を与えて、〔公共便（クルスス・プブリクス）を使えるようにしてやった。司教たちの大半はアリウスの教説を批判し、その説はこれ以降不適切なものとなった。アリウスとその支持者は、この裁定に署名するのを拒んだ者たちと同じく、追放されたのである。

(D) アタナシウスとの関係――ニケーアの「象徴」となったアレクサンドリアの代表者〔アタナシウス〕とコンスタンティヌスの関係はかなり波乱に満ちたものであり、移ろいやすいものだった。両者の関係が、とある矛盾ゆえに変化してしまったことは事実である。つまり、三二八年以来アレクサンドリア司教となったアタナシウスを、ニケーアでの決定の擁護者としてコンスタンティヌスは支持していた。しかし、コンスタンティヌスは、アリウスを再び教会に復帰させようと望んでおり、アリウスに反対するアタナシウスのかたくなさには批判的でもあった。そのため、このアレクサンドリア司教も追放と復帰を繰り返したのである。

II　コンスタンティヌスの宗教

ニケーアの公会議での決定が人びとを惑わすことがあってはならなかった。コンスタンティヌスは自分の親しんでいた信仰に拘泥せず、司教たちの多数派意見に与した。三二五年以降、この皇帝がアリウス派に対して次第に寛大になっていったことを理解するための、これが第一の方法である。コンスタンティヌスが豹変したと仮定するよりも、むしろコンスタンティヌスの政治上の便宜主義的姿勢が問題となる。つまり、コンスタンティヌスは、東方で勝利を治めていたと思われる教理のほうへ傾いていったのである。もう一つの仮説は次のようなものになる。コンスタンティヌスの信仰は、教理の点では依然として確立されておらず、はじめはニケーア〔の公会議〕に出席した司教たちの多数派に与した。ついで、アリウスとその支持者たちを普遍なる教会に取り込むのを拒んだ多数派にいら立つようになった、というものである。

1　新プラトン主義の影響——三世紀半ば以降、プロティノスとその弟子ポルフュリオス、さらにはヤンブリコスの影響のもと、ギリシア哲学は「プラトン主義とアリストテレス主義の一種の融合」（P・アド）によって一つの革新を経験した。一者、あるいは恍惚状態での神との合一の探求が、多くの人びとの憧れと一致した。おそらく、その探求自体は、キュベレ、ミトラ、ソルの信者たちとキリスト教徒たちに共通のものだっただろう。

三一二年から三二〇年までのあいだ、コンスタンティヌスの神への言及は曖昧なままだった。彼はソル信仰とキリスト教を共存させていたのである。しかし、それは二つの別のものではない。つまり、不敗太陽神は、天界を治める唯一神の太陽としての側面にほかならなかったのである。公式の言葉としては、コンスタンティヌスは、皆の宗教事情に配慮した用語を用いていた。たとえば、ローマで三一五年に竣工した凱旋門の奉献碑文では、彼の勝利は「神的なるものの導き（インスティンクトゥ・ディウィニタティス）」に帰されていた〔『ラテン碑文選集』六九四番〕。この言いまわしから、コンスタンティヌスはまだキリスト教に改宗していなかったと推定される。他方、ここに政治的巧妙さを見て取ることもできる。つまり、この用語は、皆に都合の良い非常に曖昧なものなのである。しかし、コンスタンティヌスのキリスト教が、アポロ信仰や太陽神〔ソル〕信仰と融合したままの初期段階にあったと推測することもできる。

2　ニケーア――ニケーアの公会議は、現在につながるカトリック教会の教義を永続的に確定し始めるものだった。すなわち、唯一神の中で父と子がともに永遠に存在し、同じ本質を持つ〔ホモウシオイ〕。諸史料の示すところでは、コンスタンティヌスが望んでいたのは〔アタナシウス派かアリウス派か〕いずれかの勝利ではなく、単一の教義が合意されることだった。教義の内容は彼にとっては二次的な意味しか持たなかった。アレクサンドロスとアリウスに宛てられたコンスタンティヌスの書簡がそれを示しており、それによれば、彼らが「非常に真剣に」議論しているのは「取るに足らない問題」なのだという（『コンスタンティヌスの生涯』第二巻〔六四～七二章〕）。コンスタンティヌスは、著名な哲学者とノウァティアヌス派の司教たちもニケーアに招いた。彼らが広範な相互理解に到達できるような、開かれたと同時に厳密な議論が行なわれるようコンスタンティヌスが気遣っていたことを、この事実は示している。エウセビオスが非常に重要なことを述べているのは知っておく必要があるだろう。彼のいうところによれば、司教たちが合意に達した時、コンスタンティヌスは非常にうれしそうだったが、頑固でいいがかりをつけるような輩は拒み、嫌っていたのだという（『コンスタンティヌスの生涯』第一巻〔四四章〕）。

3　新プラトン主義の拒絶とアリウス派——三二四年頃に不敗太陽神の銘が貨幣から消えたのだとしても、彼が新プラトン主義を拒むようになった形跡が現われるのはもっとあとのことである。三三〇年にコンスタンティノポリスに落ち着くよりも前にはそのような形跡は見られず、政治的な理由が関係していたように思われる。三三一年という年は、一連の不寛容さによって特徴づけられる。新プラトン主義哲学者ソパトロスが逮捕・処刑され、ポルフュリオスの反キリスト教文献が公然と燃やされた。コンスタンティヌスが神殿財産の目録作成を行なわせ、その一部を没収し溶かしてしまったこともわかっている。

　コンスタンティヌスのアリウス派に対する姿勢に関していえば、その側近の助言者としてアリウス派の司教がいたことが、彼の信仰告白につながったと考えることはないだろう。実際、アタナシウスとの関係で彼らの立場を見てみると、このアレクサンドリア司教〔アタナシウス〕のかたくなさゆえに、その立場に対する皇帝の怒りが惹起されていたことがわかる。コンスタンティヌスは何を望んでいたのだろうか。それは、アリウスがカトリックの共同体に戻り、調和が回復されることだったが、アタナシウスはそれを強硬に拒んでいたのである。ここでカトリックの寛大な姿も見ておこう。つまり、三三〇年代には、ノウァティアヌス派を問題にしないよう求めた法があり、彼らの教会は彼らの手に任され、その聖職者はカトリックの聖職者と同じ免除特権を持っていたのである。

Ⅲ　カトリック聖職者に対する支持

三一三年のミラノ書簡は、迫害中に没収された教会財産を回復させた。それ以降も、多くのコンスタンティヌスの法が司教や司祭の特権を認めている。三一三年以降、異端派がカトリックの司教に対して不利益をもたらすことが禁じられた（『テオドシウス法典』第一六巻第二章第一法文）。三一六年には、教会での奴隷解放が有効とされた。さらに三一八年には、司教に対して聖職裁判権が認められたのである。

ルカニア・ブルッティ州知事に宛てられた三一九年十月二十一日の法は、聖職者（「聖職者と呼ばれるものたち（クィ・クレリキ・アッペッラントゥル）」）を都市の公の負担から免除した（『テオドシウス法典』第一六巻第二章第二法文）。その理由は、彼らが教会での奉仕に全面的にその身を捧げられるようにすることだった。これ以降、あらゆる不法な強制は神聖冒瀆にあたるものとされた。この法がきっかけになって、都市参事会員やその息子たち、都市の負担に結び付けられていた人びとが聖職に加わり、負担を免れるようになった。三二〇年七月十八日の法が、そのことを明らかにしている（『テオドシウス法典』第一六巻第二章第三法文）。この法より前に聖職についていた者は都市参事会の負担に服し、三一九年の法よりあとに加わったものは免除に与ることになったらしい。

三二〇年には、ある法によって（『テオドシウス法典』第八巻第一六章第一法文）、紀元前一八年以来二十五歳以上の独身者に不利益をもたらしてきた「婚姻当事者の身分に関するユリウス法」が廃止された。ついで、三二六年には、聖職者は伝統宗教の神官と同じ免除特権を手に入れた。同じ年、免除特権はカトリックの聖職者のみに与えられ、異端派の教会は負担《ムネラ》を課されるものとされた（『テオドシウス法典』第一六巻第五章第一法文）。

ユダヤ教徒とキリスト教徒の関係を定めた法も多い。三一五年には、キリスト教徒に加わるためにユダヤ教の「教派《セクト》」を脱け出た者を石で襲うことがユダヤ教徒に対して禁じられた（『テオドシウス法典』第一六巻第八章第一法文）。逆に、キリスト教徒はユダヤ教徒を悩ませるような権利は持たないものとされた（『テオドシウス法典』第一六巻第八章第五法文）。ついで、三三五年から、ユダヤ教徒はキリスト教徒の奴隷を持つ権利を失った（『テオドシウス法典』第一六巻第九章第一法文）。しかしながら、カトリックの聖職者に倣って、シナゴーグの長老や父長も負担からの免除を享受した（『テオドシウス法典』第一六巻第八章第二法文と第四法文、三三〇年と三三一年）。

Ⅳ　シンクレティズムか折衷主義か？　その曖昧さ

1　公的な伝統宗教の維持——大神祇官（ポンティフェクス・マクシムス）として、コンスタンティヌスは

ローマ宗教の最高権威であり続けた。この地位とキリスト教信仰を両立させることができたという事実が、四世紀前半の宗教事情を示す格好の指標となっている。このことは、ローマ宗教の祭儀が数百年の伝統を持つ政治的、市民的な役割を果たすものだと見なされていた、ということを示しているようだ。たとえば、皇帝礼拝である。コンスタンティヌスは、二五〇年のデキウス帝の迫害で中心的な役割を果たしたこの信仰を排除するどころか、むしろ肯定していたのである。

有名なヒスペッルム勅答（『ラテン碑文集成』第一一巻第五二六五番＝『ラテン碑文選集』七〇五番）は、三三三～三三五年頃、ウンブリアの〔ヒスペッルムという〕この都市の住民たちに対して、皇帝の一族たるフラウィウス氏のために建てられた神殿での皇帝礼拝を認めたものである。コンスタンティヌスは、この都市に、「フラウィア・コンスタンス」という名も与えている。しかし、コンスタンティヌスは、演劇開催や剣闘士興行も含めたこの祭儀が「迷信の穢れによって毒されない」よう求めていた。換言すれば、コンスタンティヌスは、隣接する〔トゥスキア州の〕ウォルシィニィから独立して、自分たち自身で祭儀を行ないたいというヒスペッルム市民の求めに応じ、皇帝礼拝の実施は許したものの、供犠は禁じたのである。コンスタンティヌス自身の言葉によれば、それは「古の習慣の大部分が害されたと見なされることのない」ものだった。

ヒスペッルム勅答はコンスタンティヌスの宗教政策の良い例である。それは、ゾシモスが批判したような、あからさまに革新的なものではなかった。コンスタンティヌスは伝統宗教を一切禁じることなく、単に手直しを進めていったにすぎないのである。

コンスタンティヌスが世紀祭を祝わなかったと非難している。世紀祭はおよそ一一〇年ごとに祝われたもので、最後に祝われたのは二〇四年、セプティミウス・セウェルスによってだった。したがって、最大限遅れても三一三年というのが新たに〔世紀祭を〕祝うべき年だったのであり、コンスタンティヌスは、三一二年秋のローマ滞在をそのために使うこともできただろう。ゾシモスは同様に、三一五年の即位一〇周年の時、マクセンティウスに対する勝利を祝うに際して、コンスタンティヌスは犠牲を捧げるためにカピトリウムに登らなかった、とも批判している。この時のことをエウセビオスも書きとめており、それによれば、コンスタンティヌスは「火も煙もない」神への奉納によってその即位一〇周年を祝った、のだという。エウセビオスはまた、アレクサンドリアのセラペイウムがニケーアの公会議の時（三二五年）に閉鎖された、とも述べている。このような措置が取られたことについていえば、それはおそらく〔騒乱の多い〕アレクサンドリアという状況と関連したもので、単独事例とみなすべきだろう。

三三一年には、コンスタンティヌスは神殿財産の目録をつくらせた。これらの神殿のいくつかは閉鎖され、貴金属でメッキされたその門や屋根を没収された。〔神々の〕像は持ち去られて、エウセビオスによれば、「冷笑や嘲笑に」さらされたのだという。しかし、この行動は伝統宗教に対する攻撃というよりも、むしろ青銅や金を求めて行なわれたものだった。リバニオスでさえこう言っている。「コンスタンティヌスは公の宗教を何一つ変えなかった」（『弁論』三〇番〔六節〕）と。これは公的な祭祀に対する攻撃ではなく、貪欲に金を求めた措置だった。神々に対する敬意が欠如している、とはいえるだろうか？　これらの祭祀が国家祭祀だったことを思い起こすべきだろう。したがって、これは確かに少々暴力的ではあったものの、帝国の刷新に彼らの協力を求めた措置だったのである。

マカリウスとパレスティナの司教たちに宛てられた手紙から、コンスタンティヌスが神殿通いを良い目で見ていなかったことはわかる。しかし、それを押さえつけるようないかなる法律もコンスタンティヌスは出さなかったことも確認しておかねばならない。コンスタンティヌスは、自身の像が神殿に建てられるのを禁じるだけで満足した。実際、彼は心配して「自身の像を偶像の社に建てることを禁じたので、その影絵に至るまで、禁じられた事柄の過誤で汚されることはなかった」(『コンスタンティヌスの生涯』第四巻〔一六章〕)。この禁じられた事柄とは道徳的なものでしかなく、法によるものではなかった。おそらく、このコンスタンティヌスの姿勢のうちに、司教たちを大事にしようという配慮に裏づけられた宗教的な姿を見て取るべきだろう。法的には二つの強制措置が引き合いに出されるにすぎない。すなわち、三二〇年、あるいは三二一年の家庭内での供犠の禁止(『テオドシウス法典』第一六巻第一〇章第一法文)と、三二三年の、聖職者であれ俗人であれ、カトリック信徒に清めの儀式の供犠を強制した者に対する懲罰(『テオドシウス法典』第一六巻第二章第五法文)である。

3　真実のキリスト教——三二四年以降、コンスタンティヌスが知的な意味でキリスト教にのめりこんでいったことは、もはや曖昧にしておけるようなものではなかった。エウセビオスの言うところによれ

コンスタンティヌス像（ローマ，カピトリウムの丘．著者撮影）

ば、コンスタンティヌスは公に神学的なテーマについて語ることを好み、「直立不動の姿勢を取り、厳粛な面持ちで、厳かな声で」〔『コンスタンティヌスの生涯』第四巻〔二九章〕〕それを行なっていたのである。

そして、聴衆は彼を讃えた。唯一の神格があらゆることを命じており、彼に祈りを捧げさせるために宮殿まで毎日決まった時間にやって来ている、とコンスタンティヌスは信じていた。

コンスタンティヌスは、コンスタンティノポリスの泉を、良き羊飼いやライオンの巣穴のダニエルといった聖書風の金メッキした青銅製の像で飾らせた。宮殿の入口には、金や宝石で飾られたキリストの受難の印が置かれた。

三三六年には、キリストの誕生祝いが十二月二十五日と定められた。この日は太陽神の祭儀のものだった。この決定はコンスタンティヌスの非常な巧妙さを示している。あるものを別のもので置き換えるわけではなく、この誕生日が太陽神信仰の秘儀と習合するような形で祝われるように、両者を重ね合わせたのである。

古い学派の歴史家たちは、キリスト教と古典文化、あるいはローマの文化的遺産を、キリスト教がそれらをすっかり引き受けたにもかかわらず、対立的に見がちである。コンスタンティヌスは「ためらいもなくローマの古い諸法を打ち捨てた」というピガニオルの主張は、誤った価値判断である。諸法の示すところは逆であり、稀な最低限のものを除けば、コンスタンティヌスは公の伝統宗教をそのままの状態で保ったのである。人として捨てたものを、君主としてはゆるした。公益のために保守と革新をうまくまとめることのできた偉大な一政治家としての証を、ここに見逃してはならない。

第五章　都市創設者にして建築好き

コンスタンティヌスについては、文献史料や碑文史料だけでなく考古遺物も、絶え間なく建設事業を進めた君主というイメージを与えている。

I　コンスタンティヌスと諸都市

1　さらに緊密な束縛——コンスタンティヌスは諸都市の財政を国庫の管理下に置いた。

実際、コンスタンティヌスはもはや税収入（ウェクティガリア）を諸都市の自由にはさせておかなかった。以後、諸都市の税収入は帝室財務総監によって管理された。帝室財務総監は、〔公共〕浴場の燃料分と公共建築物の維持にかかる分しか諸都市に払い戻さなかった。この措置は諸都市から自治の一部を奪い取ったのである。

しかしながら、都市（キウィタス）の地位は依然として求められるものだった。その威信ゆえのみならず、隣接した都市からの自立を手にするためでもあった。フリュギア〔属州〕のオルキストスで三二四～三三一年につくられた有名な碑文がそのことを示している『ラテン碑文選集』六〇九一番〕。オルキストスは都市の地位を失い、隣接するナコレア市の周辺村落（ウィクス）の地位に落とされていた。オルキストスはコンスタンティヌスに対してかつての地位を回復させるよう求め、コンスタンティヌスはそれを認めた。それに伴って、オルキストスはみずからの都市参事会（ブーレー）と都市公職者を持ったのである。

2　都市参事会に対する周到な注意――コンスタンティヌスの立法を見ていく過程で

（第三章を参照）、この問題についてはすでに述べた。すなわち、コンスタンティヌスは、みずからの責任から逃れた都市参事会員に対する強制措置を繰り返していた。この執拗さは、都市参事会員が、とくに個人財産に比して、その負担があまりに重すぎると考え、〔都市参事会からの〕逃亡が増加していたことを思わせる。他方、官僚機構や軍隊が報酬や昇進といった魅力的な選択肢を彼らに提供していた。コンスタンティヌスがこの逃亡を抑制し、都市参事会の負担を担うにふさわしい地方名望家を都市にとどめておこうと望んでいたことはまったくもって明らかである。コンスタンティヌスは、その義務を果たすこと以外のあらゆる野心を彼らに禁じた。しかし、彼らを出身都市に釘付けにしたことで、彼らの野心をおおいに裏切ることになった。上昇の可能性を持った社会的流動性は凝固させられた。確かに諸都市の利益のためではあったが、それは地方名望家のダイナミズムを犠牲にしたものだったのである。

Ⅱ　移動時代の諸建築（三〇六〜三二四年）

その即位以来、コンスタンティヌスは建築政策を推進し、彼の住んだ諸都市を美しくしていった。『ラテン頌詞集』第七番を信じるなら、彼の足下からは都市や神殿が生じてきたという。トリーアやオータンは、コンスタンティヌスがガリアの君主だった頃に最も恩恵を受けた場所だった。

1　トリーア〔ドイツ西部、モーゼル川沿いの都市〕――トレウェリ族〔の首邑（トリーア）〕

が、三〇六年から三一五年まで、コンスタンティヌスの最初の都だった。コンスタンティヌスはこの地で大規模な整備事業を行ない、この都市を皇帝居住地にふさわしいものとした。

宮殿の複合施設は、皇帝の住居のほか、その北側に皇后やクリスプスの住居も含むものだった。皇后やクリスプスの住居は三二六年頃に教会に転用された。三一〇年頃には、アプシス付きの全長七五メートル、高さ三〇メートルの長方形のバシリカが建設された。皇帝が聴聞を行なう部屋は豪華な装飾が施された。床は白と黒の六角形の敷石で舗装され、壁は、上方に連なっている窓のところまで、多色大理石と金箔ガラスで装飾された。天井は金箔付きの格天井で、アプシスは金とモザイクで覆われた。このバシリカが壁に埋め込まれた導水管と床暖房によって暖められていたことも発掘調査からわかっている。

宮殿の一角には、東西の長さが二四五メートルという大規模な浴場も建設された。西側の門の近くにもともとあった別の浴場も修復された。さらに、都市生活に不可欠なもの、すなわち二万二〇〇〇人を収容する円形闘技場や戦車競走用の競技場も整備された。

この都市から数キロメートルのところには、五〇部屋ほどの夏用のヴィッラもあった。

2 オータン〔フランス・ブルゴーニュ地方の都市〕――『ラテン頌詞集』に、コンスタンティヌスとオータン住民のあいだの特別な関係を伝えている。この町は二七〇年の包囲の時に甚大な被害を蒙っており、その廃墟は再建されていなかった。コンスタンティヌスは、三一一年、オータン住民の招きに応じてこの地を訪れた。三一二年に、この都市は感謝演説を持たせた使節団をコンスタンティヌスの元に送っている。アウグストドゥヌム市〔＝オータン〕は新たな市壁を与えられ、恩恵付与者たる皇帝の一族の名誉を讃えたフラウィア・アエドゥオルムという新たな名のもとで、復興《ルネサンス》の時代を迎えたのである。

3 ローマ

(A) 永遠の都〔ローマ〕でコンスタンティヌスが着手した事業は、彼がこの都市を忘れることも嫌うこともできなかったということを、それら自体が示している。コンスタンティヌスは、大競技場〔キルクス・マクシムス〕に柱廊と列柱を付け加え、ディオクレティアヌス浴場の南側に別の浴場を建設した。巨大な新バシリカの建設は、フォルム・ロマヌムの食糧倉庫跡地でマクセンティウスによって着手されてい

フォルム・ロマヌムの新バシリカ（著者撮影）

た。コンスタンティヌスはそれを完成させ、そこに自身の像を設置させた。この巨大な石像の一部はよく知られている。頭、足、肘、そして腕が、こんにちでもカピトリウムの丘にあるコンセルヴァトーリ宮殿の中庭に保存されている。

(B) コンスタンティヌスの凱旋門は、三一五年七月の即位一〇周年の開幕の際に竣工した。フラウィウス円形闘技場――有名なコロッセオである――の近くに建設され、高さ二五メートルというその大きさは、それまでのローマ世界の門では達したことのない高さだった。この凱旋門は、凱旋行進のルート上に位置していた。大競技場の後、フォルム・ロマヌムの聖なる道（ウィア・サクラ）の前である。三つの開口部をもつその構造は、セプティミウス・セウェルスの凱旋門を彷彿とさせるものだった。

石工の使った道具の研究のおかげで、近年の発掘調査は「この門に関する」新たな要素を明らかにして

コンスタンティヌスの凱旋門（南面）　（ローマ，著者撮影）

いる。それによれば、この門は新たに建設されたものではなく、もともとあった門を利用した産物であり、そのもともとあった門自体も改造を蒙ったものなのだという。

コンスタンティヌス時代のレリーフは、その数僅かに六つである。長方形のレリーフがそれである（側面の一メートル×五・五メートルのものと、ファサードの一×六・五メートルのもの）。これらのレリーフは、三一二年の対マクセンティウス戦での異なるエピソードを表わしている。つまり、ミラノからの軍の進発、ヴェローナの攻略、「ミルウィウスの」戦い、コンスタンティヌスのローマ入城、ロストラでのコンスタンティヌスの演説、三一三年一月一日の恵与、である。

他のレリーフはアントニヌス朝期のものである。柱の上に載せられていたのは、トラヤヌスのフォルムから持って来られたダキア人の像だった。直径二メートル以上もある大きな円形の装飾は、ハドリアヌス時代の門に由来している。ハドリアヌスの頭部は、コンスタンティヌス（狩りのシーン）とリキニウス（供犠のシーン）を表わすように、慎重にカットし直された。さらに、碑文を囲む上部のパネルはコンモドゥス時代のもので、クァディ族やマルコマンニ族との戦いを表現している。

再利用の一貫性は完璧なものであり、フィリッポ・コアレッリはその全体像を「彫刻のつぎはぎ」であり、「ローマの公的彫刻の博物館」になった、とうまく定義している。

4　キルタ〔現在のアルジェリア、コンスタンティーヌ〕——三一〇年、ドミティウス・アレクサンデルの反乱の鎮圧に際して、キルタはマクセンティウス軍によって破壊された。アウレリウス・ウィクトルの書いているところによれば、コンスタンティヌスは、三一二年に〔マクセンティウスに〕勝利したあと、コンスタンティナという名でこの都市を復興させたのだという。

5　テッサロニカ〔現在のギリシア〕——三二三年から三二四年にかけての二年間、コンスタンティヌスはリキニウスとの戦いに備えるためテッサロニカに滞在した。ケドレノスの言によれば、コンスタンティヌスはこの都市を気に入り、多くの建物を建てさせたという。「巨大な神殿（教会）」、浴場、水道、そしてもちろん艦隊を受け入れるための港湾施設。すべてが新設されたわけではなく、工事の大部分は修復と改良だったと考えても良いだろう。

III　大規模建設事業——コンスタンティノポリス（三二四〜三三〇年）

1　建設（三二四年）——コンスタンティヌスがみずからの名を持つ第二のローマの創設を決断したのは、三二四年のリキニウスに対して勝利をおさめた遠征の時のことだった。ゾシモスによれば、コンスタンティヌスは、当初、ビザンティウムの地を選ぶよりも前に、別のところに目をつけていたという。北側の金角湾と東側のボスフォロス海峡、それに南側のプロポンティス海（マルマラ海）のおかげで、ビザンティウムの地は半島として優位な位置を占めていた。しかも、この地は西方と小アジアを結ぶ上で不可欠の通路でもあった。

この場所は、新都市の境界画定がなされたあと、三二四年十一月八日か十三日に聖別された。その広さは、それまでのビザンティウム市の三・五倍以上に及んだ。コンスタンティヌスはこの都市にただちに造幣所も開設し、閉鎖したばかりのアクィレイアの造幣所で働いていた労働者を働かせた。

最初の事業は三二五年から始まった。三二七〜三二八年には、コンスタンティヌスはみずからその進捗状況の視察にやってきた。三三〇年にコンスタンティヌスが定住しに来た時、その作業はいまだ終わっていなかった。しかし、都市構造のうち不可欠な部分は完成していた。ユリアヌスは、その伯父〔コンスタンティヌス〕はこの都市を建設するために一〇年もかけなかった、と書いている。この〔都市に〕不可欠なものとは何だろうか？　まずは城壁である。岸辺のものは〔ボスフォロス海峡側の岬から〕西に向かって伸び、〔西端では〕南北に伸びた城壁がまるで島のように〔この都市を大陸から〕区切っていた。城壁は十六か月での工事で三二八年には完成されたものと思われる。南東には宮殿が建設され、カティスマという貴賓席で競技場と繋がっていた。このゾーンの北側は、アウグステオンという広場で境界が画されており、そこにはローマ市のフォルムの黄金製のマイル標石に似たミリオンという境界石が建てられていた。このミリオンからは、西に向かって柱廊を備えた大通り、メセーが伸びていた。この通りはまっすぐに五〇〇メートルほどあり、コンスタンティヌスのフォルムにまで達していた。このフォルムは円形という一風変わったものだった。五〇メートルもの高さがある斑岩の柱がこのフォルムを彩っていたのである。コンスタンティヌスはさらに、ゼウクシッポスの浴場を修復させた。

　この新首都の組織体制は諸勅令で定められ、この都市には、多くの人びとを集めるにふさわしいさまざまな法的・経済的な特権が与えられた。というのも、三三〇年には、コンスタンティノポリスの人口は、その器に比していまだ微々たるものだったからである。

2　奉献（三三〇年）

――コンスタンティノポリスの開都式典については、ゾシモスと『復活祭年代記《クロニコン・パスカーレ》』という後代の著者不明の年代記のおかげでよくわかっている。奉献は三三〇年五月十一日に行なわれた。コンスタンティヌスのフォルムまで行進が行なわれたが、そのフォルムの中心に位置する斑岩の柱の上にはこの皇帝の像が建てられていた。その像はアポロ像だったのだが、頭部が王冠を頂いたコンスタンティヌスと置き換えられたのである。金箔張りの木で造られたそのミニチュアが競技場（ヒッポドローム）に設置され、そこでは見世物が催された。その像は、この都市のテュケー〔好運〕を持っていた。アントゥサという名も受け取っていたが、それはギリシア語で〔ラテン語の〕フローラ――ローマのテュケーの聖事に関わる名である――に当たる言葉だった。この奉献がローマのテュケーとコンスタンティヌスに対して同時になされたこと、また、式典の中でキリスト教的な要素と伝統的な要素――とくに太陽神信仰に関する――が併存していたこと、をジルベール・ダグロンははっきりと示している。

3　市内行政――新しいローマが、一挙に首都長官の管理下に置かれたわけではなかった。ローマ市の制度の模倣は段階的なものでしかなく、基本的にはコンスタンティヌスの息子であるコンスタンティウス二世によって三五〇年代に実現された。

コンスタンティヌスは、ビザンティウム市参事会（ブーレー）を六〇〇人の高位の者たち（クラリ）からなるコンスタンティノポリス元老院へと改組した。選挙で選ばれるアルコンに代って、皇帝によって任命されるプロコンスル（〔ギリシア語では〕エパルコス）が置かれた。この新都市はイタリア権（ユス・イタリクム）を与えられ、エウロパ属州総督やトラキア管区代官の権限から外れることになった。三三二年五月以降、この都市はローマ市に倣って公的な食糧供給を受けた。コンスタンティノポリスに家を持っていれば八万オプソニア（ラティオ）とされた。ここから、当時のこの都市の人口が三〇万人程度だったと推測することができる。

さらにコンスタンティヌスは、新しいローマに帝室による教師ポストも与えたのである。

Ⅳ　キリスト教建築

1　ローマ市の巨大バシリカ群——コンスタンティヌスが初めてキリスト教のための巨大建築に取りかかったのは、三一九年、ローマ市でのことだった。聖ペテロの「記憶（メモリア）」が長きにわたってヴァチカンの地で崇敬されており、それを守る建物が大規模な改修を受けていた。コンスタンティヌスはその周りに大規模なバシリカ（一二二×六六メートル）を建設させた。その「記憶」のための斑岩製の礼拝堂は、白大理石製のトルソによる六本の柱で支えられた天蓋を被せられた。コンスタンティヌスとその母〔ヘレナ〕は黄金の十字架を与え、皇帝はさらに毎年三七〇八ソリドゥスの収入をこのバシリカにもたらした。

ラテラノ大聖堂《バシリカ》もコンスタンティヌスの負担で首都の南部、市壁近くに建設された。この大聖堂が建てられたのは、コンスタンティヌスが解散させた近衛騎兵隊（エクィテス・シンギュラレス）の兵舎の跡地だった。工事は三二四年よりも前から始まっていた。この建物は五つの身廊を持つバシリカ型で、一〇〇×五五メートルという大きさだった。内部の壁は黄色大理石で覆われ、教会は、装飾用にランプと、三トンの銀と三五〇キログラムの金に相当する典礼用具を与えられた。洗礼堂と教会は、経費として毎年それぞれ一万二三四ソリドゥス、四三九〇ソリドゥスを受け取った。

〔コンスタンティヌスの妻〕ファウスタのものだったラテラノ宮殿は、おそらく彼女の処刑後、コンスタンティヌスによってローマ教会に与えられ、間もなく、司教館にしてその事務局となった。

したがって、ラテラノがローマ教会の拠点となったのはコンスタンティヌス治下でのことだった。このバシリカがこんにちまでローマの司教座教会なのはそのためである。コンスタンティヌスはまた、市壁外の二つの教会――聖パウロと聖ラウレンティウス――の建設にも着手した。

「イェルサレム」と呼ばれる教会についていえば、それはこの皇帝の母たるヘレナの賜物である。彼女はセッソリウムの宮殿の一翼を、アプシスと三つの身廊を分ける列柱を追加させたうえで、キリスト教会に改修させた。

コンスタンティヌスの建築は、こうしてローマ教会に相当数の人びとが集まる空間を与えた。そのおかげで、ローマの典礼はより大規模で荘重なやり方で執り行なわれることが可能となり、また皇帝風の荘厳さという外観まで帯びることになった。

2　パレスティナで――ソゾメノスをはじめ、多くの教会史家によれば、イエスがかけられた十字架だという聖遺物の発見はコンスタンティヌスの母〔ヘレナ〕のおかげである。彼女は釘をコンスタンティヌスに送り、コンスタンティヌスはそれを溶かして息子の兜と自身の馬のはみに混ぜ込んだという。聖十字架を収めるためのバシリカが建設された。イェルサレムでは、オリーブの丘と聖墳墓という二つの教会《バシリカ》をコンスタンティヌスは建設させている。ベツレヘムにも別の教会が、マムレの樫林〔『創世記』一三章一八節参照〕には小礼拝堂が建てられた。

3　コンスタンティノポリスのバシリカ群——アンティオキア、ニコメディア、北アフリカでも同様にバシリカ型の教会が建設された。

コンスタンティノポリスで最初のキリスト教徒用のバシリカは、神に関する抽象的な観念をその名にいただいていた。すなわち、「智慧」（ソフィア、のちにハギア・ソフィア）がそうで、聖ステファヌスに捧げられた教会と同じく、宮殿や競技場（ヒッポドローム）の近くに建設された。「平和」（エイレーネー、のちに聖〔ヘレナ〕のバシリカは、ビザンティウム旧市の跡に建設された。この都市の西部では、宮殿や浴場もある柱に囲まれた広場に、聖使徒教会が建てられた。『コンスタンティヌスの生涯』の最後で、エウセビオスはこれらの教会のすばらしさに触れている。床から骨組みまで、壁はさまざまな珍しい石で化粧張りされていた。天井は金で仕上げられ、屋根は金箔張りで光り輝く青銅で葺かれていた。内部は、内陣が金箔張りで青銅製の金網で仕切られていた。

コンスタンティヌスは、キリスト教信仰に捧げられた壮麗な建築物の建設や備品のために相当な額を費やした。それゆえ、三〇年に満たぬあいだに、キリスト教会は帝国内の大都市で重要な建築景観となった。おそらく、この点がこの皇帝の改宗の最も目立つ具体的な側面だった。かくて〔教会建設に〕決定的な推進力が与えられ、のちに司教や富裕な私人によって模倣されることになった。

第六章　コンスタンティヌスをめぐる論争と神話

コンスタンティヌスは、その死以来、相矛盾した評価を引き起こした。彼を貶すものであれ称賛するものであれ、幾多の文学的な伝説を引き起こすのと同様に、自発的、あるいは非自発的な時代錯誤《アナクロニスム》をも引き起こしたのである。

I　矛盾した意見

1　教父たちの節度ある称賛——カエサレアのエウセビオス

『コンスタンティヌスの生涯』が出版されたのは、コンスタンティヌスの死〔三三七年〕よりあとで、三四〇年よりも前のことだった。このテキストは、単なる伝記に留まるものではまったくない。聖人伝のような特色を備えたもので、コンスタンティヌスの事績を事後的に整理しなおしたものだった。この皇帝は、三一二年以降、いわば過剰にキリスト教化された姿で描かれ、神によって人びとに示された「非常に偉大な光」に仕立てられた。しかしながら、四〜五世紀の教父たちのもとでは、この初のキリスト教皇帝がテオドシウスほどには称賛されていない、というのは注目すべきことである。ヒエロニムスはその『年代記』の中で、アリウス派論争の責任を彼の洗礼に帰している。換言すれば、三八〇年から三九二年にかけてカトリックを公式の宗教として認めさせた皇帝〔テオドシウス〕のほうが、コンスタンティヌスよりも称賛するにふさわしいと思われていたのである。

2　ユリアヌスの皮肉――三六一年から三六三年まで皇帝の地位にあったユリアヌスは、伯父〔であるコンスタンティヌス〕のことが好きではなかった。彼が書いたものの中に、彼の眼には理想的な君主だったマルクス・アウレリウスに対して、〔コンスタンティヌスに対する〕容赦ない軽蔑の跡を見出すことができる。

ユリアヌスは、コンスタンティヌスを身づくろいや調髪を気にするような君主とした。戦争に対する意気に欠けていると非難し、料理人や金貸し、あるいは小間使いとして戯画化してみせたのである。

ユリアヌスの偏見は一目瞭然である。ユリアヌスは、従兄弟であるコンスタンティウス二世が好きではなかった。コンスタンティウス二世は、ユリアヌスの父、ユリウス・コンスタンティウスの殺害を助長したと疑われていたし、兄のガッルスを処刑させていた。他方、このコンスタンティヌスの息子〔コンスタンティウス二世〕のほうは、緊密な監視のもとでユリアヌスに厳格なキリスト教教育を受けさせていた。

コンスタンティヌスが三三七年に死んだ時、ユリアヌスは七歳だった。したがって、彼がコンスタンティヌスについて知ったのは、噂と読書の結果だった。彼の〔コンスタンティヌスに対する〕批判は、復讐心に満ちた諷刺のようなものである。

3　ゾシモスによる批判――五世紀末、コンスタンティノポリスで国庫の代訴官だったゾシモスは『新史』を出版した。この本は、アウグストゥスから四一〇年までのローマ帝国史をギリシア語で語ったものである。コンスタンティヌスの治世について述べたくだりで、ゾシモスはコンスタンティヌスをローマ帝国の衰退を加速させたとして非難し、コンスタンティヌスにまつわる暗黒の伝承を作り上げた。

ゾシモスは、コンスタンティヌスのキリスト教への入信とクリスプスの死に対する彼の罪悪感とを結びつけた。世紀祭のほか、凱旋行進後のカピトリウム登頂といった伝統を打ち捨てたことについても〔コンスタンティヌスに対する〕批判の手を緩めてはいない。公費を濫用したという点でもコンスタンティヌスを責め、その後のローマ帝国の不幸についてもコンスタンティヌスの軍制改革にその責を帰した。実際、コンスタンティヌスが辺境地帯の軍を引き上げ、その軍を都市側に負担を負わせて帝国内の都市に駐屯させ、それらの都市を破滅させた、とゾシモスは批判している。

Ⅱ　コンスタンティヌス問題

1　改宗の時期

——コンスタンティヌスは、三三七年、その死の床でニコメディアのエウセビオスから洗礼を受けた。この年代が彼の改宗の年代と混同されてはならない。四世紀のキリスト教会では、洗礼を受けたのは信者の一部にすぎなかった。キリスト教を奉じるということは、公衆の面前でその信仰を告白することからなっていた。修練期間を経て認められたあと、教育によって洗礼の準備をするのはもっとあとの段階だった。したがって、洗礼を受けたのは新生児ではなく、その信仰を公言し、さらに洗礼までも望んだ大人たちだった。三一二年からその死の時まで、コンスタンティヌスは洗礼志願者、すなわち洗礼を待つキリスト教徒だったのである。コンスタンティヌスが受けたのはアリウス派の洗礼であり、ニケーアの公会議の結果彼が追放させた人物によるものだった。

2　「コンスタンティヌス問題」

——コンスタンティヌスのキリスト教への入信は、「コンスタンティヌス問題（ドイツ語で Konstantinische Frage）」をこの時代の歴史叙述上の大問題にしてしまうほどに、歴史家たちのあいだでの長い論争を引き起こした。他の重要な問題を霞ませてしまうほどだったのである。

この論争は、図式的にいえば、次のような段階をたどった。

——コンスタンティヌスは決してキリスト教徒などではない（H・グレゴワール、一九三〇年）。アンリ・グレゴワールは、この説の中でも最もラディカルな立場に立っている。彼によれば、コンスタンティヌスの改宗は表向きのものでしかなかった。この見せかけは、単に政治的な日和見主義の打算にすぎなかったのである。

——コンスタンティヌスは子供のころからキリスト教徒だった（H・リーツマン、一九四一年。T・G・エリオット、一九九六年）。

リーツマンは、コンスタンティヌスにアナスタシア（ギリシア語で「復活」の意）という名の姉妹がいたことを根拠に、彼の家族がキリスト教徒だったという仮説を提示した。ガレリウスがコンスタンティヌスを宗教的な理由でみずからのもとに留め置いた、というアウレリウス・ウィクトルの一節を根拠として追加することもできる。つまり、反キリスト教的な皇帝がキリスト教徒を人質にしていたのではないか、ということである。しかし、三〇六～三一二年の出来事とこの説を整合的に理解するのは非常に難しい。近年のT・G・エリオットの論法は巧みで時に魅力的なものだが、やはり信用できない。あらゆる史料が考慮されているわけではないからである。

——シンクレティズムという仮説（A・ピガニオル、一九四七年）。

ピガニオルによるなら、コンスタンティヌスは新プラトン主義による太陽神《ソル》的な哲学とキリスト教のシンクレティズムを成し遂げたのかもしれない。

——三一二年に改宗（J・フォークト、一九四九年。J＝R・パランク、一九五二年）。
この説は、コンスタンティヌスの完全な改宗と彼のマクセンティウスに対する勝利とを結びつけたラクタンティウスとエウセビオスの証言を信用したものである。

——三一二年から三二四年までのあいだに改宗（A・アルフェルディ、一九四八年。W・セストン、一九五五年。J・フォークト、一九五五年）。
〔三一二年のマクセンティウスに対する勝利以降〕一二年のあいだに信仰を次第に確立させていったというもので、この説が現在最も広く受け入れられている。

三一二年の改宗とその後の時期の選択が政治的な計算によるものだったのか、真摯な宗教的決意によるものだったのか、この点について問うことはできる。なぜこのような選択をしたのだろうか。コンスタンティヌスは、自身の改宗が可能にした政治的な展開を明敏に理解していた、ということはできるかもしれない。改宗が真摯なものではなかったと結論づけることなく、である。ゾシモスによれば、コンスタンティヌスはクリスプスとファウスタの死後（三二六年）、キリスト教がこの悪行を忘れさせてくれたために、この宗教に傾倒していったという。しかし、さまざまな手がかりからすれば、彼の改宗が明白にそれ以前だったことは確実である。それでは、コンスタンティヌスが、彼の命じた〔クリスプスとファウスタの〕処刑〔という過ち〕から彼を赦してくれたその宗教に、〔三二六年以降〕それまで以上に献身するようになった、とはいえるだろうか。それならありそうなことである。

われわれが持っている手がかりからすれば、太陽《ソル》信仰や新プラトン主義への愛着を持ちながらも、三一二年以降、コンスタンティヌスはキリスト教を心から信じていた、と主張しても良いだろう。コンスタンティヌスは太陽信仰や新プラトン主義から次第に離れていったのである。

3 クリスマからラバルムへ――ラクタンティウスとエウセビオスが書いて以来、コンスタンティヌスの幻視のシーンについては多くの注釈が加えられてきた。上に輪の付いた十字だろうか。ラクタンティウスが書いているのは、実際のところ、このモノグラムである。マルーはこの説に同意している。あるいは、キリストの名の最初の二文字を表わしたX（キー）とP（ロー）を重ねたものだろうか。つまり、クリスマのことだろうか。あるいはまた、一部の人びとが主張するように、太陽のシンボルだろうか。

貨幣上にこのクリスマ〔キー・ローの印〕が初めて登場するのは、ごくわずかな数でしかないものの、三一二年の終わりのことだった。このシンボルは、この直後にコンスタンティヌスの兜の上に登場した。これらの表現は、彼の即位一〇周年と凱旋式を祝った三一五年以降、ますます増加した。その後、コンスタンティヌスの権力拡大に伴って、これらの表現も広まった。すなわち、三一七年にはシスキアの貨幣上で、三二五～三二六年にはコンスタンティノポリスの貨幣上でこれらの表現を見ることができる。

問題は、クリスマという表現がコンスタンティヌスのキリスト教改宗の証拠と判断できるかどうか、である。あらかじめ知らされた勝利の印（シグヌム）を採用したにすぎなかったのではないだろうか。三一二年から三一五年までのあいだについては、ありそうな話である。三一二年には明らかに、コンスタンティヌスは自身の信仰を構成するものとして一つの宗教を奉じていたわけではなかった。コンスタンティヌスは彼に勝利をもたらしてくれた神格に肩入れしてはいたが、その神学についてはその後段階的に理解していったにすぎない。換言すれば、コンスタンティヌスの改宗は二重のものだった。すなわち、直ちに形の上で改宗した三一二年のものがあり、それから数年間かけて起こった「知的かつ霊的」な改宗が続いたのである。

ラバルムは、クリスマと皇帝たちの肖像の旗を掲げた十字形の騎馬隊の目印である。これは、蛇を突き刺す形で、三二七〜三二八年の貨幣上で初めて表わされ、ラバルムという名称が初めて言及されたのは三六〇年代のことだった。その制作年代を三一二年からとエウセビオスが断言しているにもかかわらず、軍内で制定されたのは遅く、おそらくコンスタンティヌスの治世よりあとのことだったように思われる。エウセビオスは、コンスタンティヌスがその作成を金細工師に命じたかのように書いている。すなわち、柄に金メッキした長い槍で、宝石で飾られた金の冠の上に木製の横木が付属したものだった。それが、ギリシア語でのキリストの名の初めの二文字（XとP）を支えていた。その横木からは金で刺繍が施され宝石が縫いこまれた布地が垂れ下がっていた。その上には「十字架の勝利」が、その縁には金糸で刺繍された皇帝の胸像が表わされていた。

4 どんなキリスト教か？――コンスタンティヌスは、初めてカトリックの三位一体論という教義を定めたニケーアの公会議を召集したことで有名である。しかし、その治世最後の十二年間は、この皇帝に対してアリウス派の司教たちが相当な影響力を持っていたことが明らかになっている。

コンスタンティヌスはアリウス派の皇帝だった、ということだろうか。おおよそ三三一年以降については、アリウス派支持者に対する好意をそれまで以上に明白に示していたということはできる。

アリウス派の教義のほうが彼の君主政的な権力観に都合が良かった、というのは事実である。実際、アリウス派は、三位一体の中で子を唯一の非創造の存在たる父の下位に位置づけていた。彼らの主張によれば、父がいまだ父ではなかった時があったのである。順次副帝に任じられていった息子たちと自分の権力とのあいだに〔三位一体との〕類似の関係を構築しようとしていたコンスタンティヌスにとっては、〔アリウス派の主張は〕魅力的なものだった。コンスタンティヌスが威厳をもって座り、立ったままの二人の息子がそれにつき従った様子を示した金のメダイヨンについては、すでに述べたとおりである。おそらく、副帝たちが正帝を囲んだこの形の中に、父の左右に子と聖霊がいる様子を見出すこともできるだろう。

もしコンスタンティヌスが真摯なキリスト教徒であったなら、彼のアリウス派への共感——賛同というのは言い過ぎだろう——は、二次的なものとして、彼の政治観に付随して生じたものだろう。皇帝イデオロギーの中で両者が結び付いた結果が、その治世末年にカエサレアのエウセビオスが発表した『即位三〇周年記念演説』なのである。

三一〇年から三二四年までコンスタンティヌスが「不敗太陽神の同行者」と自称していたことを忘れてはならない。しかも、ニケーアの公会議についてソゾメノスが記したところによれば、コンスタンティヌスは教会の一体性のために熱意を傾けていた。おそらくコンスタンティヌスにとっては、三位一体の中にアリウス派が持ち込んだ論理的な階層化というのは、彼自身もこだわっていた唯一なる存在の一貫性を認めたものだったのだろう。

5　キリスト教的な第二のローマという神話──ビザンティウムという古いギリシア都市に代って新しい都市を創設することをコンスタンティヌスが決めた時、政治情勢は新たなものとなっていた。実際、四〇年におよぶ集団統治体制──二帝統治であれ四帝統治であれ──のあと、ローマ帝国は再び単独の君主政のもとに統合されたのである。そのうえ、コンスタンティヌスのリキニウスに対する勝利は、西方の皇帝の東方の皇帝に対する勝利だった。

三〇六年から三二四年まで、コンスタンティヌスは数多くの都市に居住した。トリーア、アルル、ミラノ、シルミウム、セルディカ、そしてテッサロニカ、といった都市である。ローマに滞在したのが三一二年から三一五年までのわずかな期間でしかなかったことは、コンスタンティヌスがローマ市に滞在するのを好んではいなかったことを雄弁に物語っている。三二一年に、ナザリウスはそれを惜しみ、パラティウムにコンスタンティヌスが戻るよう恭しく願い出ている。完全な放浪の君主というわけではなかったので、コンスタンティヌスは居所を探していた。リキニウスに対する決定的な勝利の結果、西方と東方の真の結節点であり金角湾によってすばらしい天然の良港を与えられたビザンティウムという戦略的な切り札を、コンスタンティヌスは考慮に入れることができるようになったのである。

ジルベール・ダグロンはこのことを雄弁に示している。コンスタンティヌスは古きローマを別の何かによって置き換えようとはしていなかった。大規模な商業ルートに、またドナウ川沿岸の防衛のためによりいっそうふさわしい場所で、ローマ市を補うことを望んだのである。ダグロンの書いているところによれば、コンスタンティヌスが望んでいたのは、「東方と西方のより緊密な連携」だった。

ボスフォロス海峡沿いでローマ市の模倣が行なわれた。コンスタンティヌスは、この地に大きな七つの丘を見出し、新都市の領域を一四の地区に分け、イタリア権（ユス・イタリクム）という特権を与えた。富裕層をこの地に集めるために、九件の不動産を持つ者には食糧を分配し、首都ローマのものと同じ行政制度を作り上げた。三三〇年五月十一日に挙行された荘厳な開都式典の際には、ローマのテュケー（フォルトゥナ、「好運」の意）がコンスタンティヌスのフォルムに安置された。しかし、さまざまな要素から、コンスタンティヌスがコンスタンティノポリスをローマと対等にしようとしていたわけではないということがわかる。市庁には首都長官（プラエフェクトゥス・ウルビ）が置かれず、総督（プロコンスル）が置かれた。都市参事会（ブーレー）は元老院という名を得たものの、その定数はローマのものより少なかった。しかも、そのメンバーは、ローマの元老院議員の称号がクラリッシミ（「光り輝いた」という意味の形容詞の最上級）だったのに対し、クラリ（同じ形容詞だが原形）という称号しか与えられなかったのである。

したがって、コンスタンティノポリスの創設は西方と東方の再統合を具体化したものだった。その創設は、ローマの神話を称揚することで、いかにしてローマが帝国の中で、攻撃にさらされやすい辺境地帯と比べて、あるいは小アジアとミラノやトリーアを結ぶ大商業ルートと比べて、中心たる都となったのかについても示したのである。しかし、コンスタンティノポリスの創設は、東方のギリシア語圏と西方のラテン語圏のあいだの文化的結合を示すものだっただろうか。ビザンティウムは完全にギリシア文化圏に属しており、その地にコンスタンティノポリスが創設されたことは、中心軸をずらすような都市が創設されたということだった。無論ローマほどではなかったにせよ、実際、確かに中心を動かしたのである。この都市に与えられたローマ的な特色は、宮廷行政でのラテン語使用に見られるように、接ぎ木のようなものだった。ギリシア語圏におけるラテン性のある種の前哨であり、続いてこの地から東方のローマ化という新たな波が四世紀を通して広がっていくのである。

Ⅲ　コンスタンティヌスの死後の運命

1　西方の芸術から見放された皇帝――初のキリスト教徒ローマ皇帝だったコンスタンティヌスは、後代、キリスト教ヨーロッパで、予期されえたほどの卓越した立場を享受することはなかった。たとえば、近代の宗教絵画においてコンスタンティヌス関連のテーマが極端に控えられたことには驚かされる。

一四五二～五九年頃に、ピエロ・デッラ・フランチェスカがアレッツォのサン・フランチェスコ教会にコンスタンティヌスの夢を表現したフレスコ画を描いている。兵士たちに守られてテントで眠るこの皇帝の姿をそこに見ることができる。小さな十字架を持った手が雲のあいだから伸びている。

ヴァチカンには、いわゆる「コンスタンティヌスの間」があり、その壁には、十六世紀、ジュリオ・ロマーノによって壁画が描かれた。彼はコンスタンティヌスにまつわる歴史からいくつかの重要なシーン――十字架の幻視、ミルウィウス橋の戦い、「〔ローマ法王への〕寄進」[1]、洗礼――を選んで描いている。これらの絵の一つは十字架上のキリストを荘厳に描いており、その足元には砕かれバラバラにされた彫像がある。これは、無論、偶像崇拝に対する贖罪者たるキリスト教の勝利を表わしている。六世紀以来コンスタンティヌスのものとされた勝利である。

（1）いわゆる「コンスタンティヌス寄進状」に触発された壁画。この「寄進状」は、コンスタンティヌスが帝国の西半分をローマ法王に寄進したとするものだが、ルネサンス期以来、偽造文書として有名である。詳しくは後述〔訳註〕。

ルイ十四世時代の絵画の典型例として、シャルル・ル・ブランは、アレクサンドロス大王の勝利についての巨大な絵画を制作している。現在はルーブル美術館に展示されている。他方、ミルウィウス橋の戦いの絵画は、赤色顔料で描かれた小型の素描の対象となったにすぎず、マイヨンヌのシャトー・ゴンティエの博物館に所蔵されている。一六六二年の祭りの時、ルイ十四世はアウグストゥスの格好で現われた。フランスの悲劇俳優たちは元首政の創始者〔アウグストゥス〕のことは上演したにもかかわらず、コンスタンティヌスは放っておかれた。リモージュで作られたメダイヨンを見ても、スエトニウスの「『ローマ皇帝伝』に登場する」一二人の皇帝たちのほうが好まれたことがわかる。

イェルサレムでの聖十字架の発見が数多くの絵画を生み出すということもなく、その場面でのコンスタンティヌスの役割は決して重要なものではなかった。夢の中で十字架のイメージを受け取ったコンスタンティヌスの母ヘレナが非常に美しく表現されているのを、ヴェロネーゼの作品にみることができる（ヴァチカン博物館）。しかし、バロック絵画での関心はむしろ聖書や殉教のシーンに向けられていた。

2 神話

(A) 幻視――もし史料をそのまま信じるなら、コンスタンティヌスは数多くの「幻視」を見ていたことになる。まずは三一〇年のものである。マルセイユからトリーアに戻る途中、この君主はボージュ地方、グランのアポロ神域を通りかかった。その地でのある「幻視」が、ヘルクリウスの家系を捨てさせ(1)、アポロとつながる太陽《ソル》信仰を採用させることにつながった。こうして不敗太陽神の信仰が始まったという。ついで、三一二年十月、マクセンティウスに対する勝利に先立つ幻視があった。ラクタンティウスはこれが一度だったとしているが、エウセビオスによれば二度あったという。一度目はその日の第六時におこった。輝く十字がまばゆい光の中で空に現われ、星々の合間には「これで勝利せよ」を意味するIN HOC VINCE（ギリシア語でEN TOUTE NIKA）という文字があった。二度目は次の晩だったらしい。夢の中で神がコンスタンティヌスに勝利を約束したのである。

(1) コンスタンティヌスの父コンスタンティウスは、ディオクレティアヌスの同僚でヘルクリウスとされたマクシミアヌスの娘（養女？）を正妻に迎えており、同じくヘルクリウスを名乗っていた。コンスタンティヌスもマクシミアヌスの娘ファウスタを妻に迎えており、コンスタンティヌスはヘルクリウスの家系につながる立場にあった。ここでは、マクシミアヌスとの関係断絶の結果、ヘルクリウスの名を捨てたことを示している〔訳註〕。

兵士たちの盾にコンスタンティヌスが描かせることになったこの印とは、何だったのだろうか。三つの十だったのではないか、と軽率にも主張する人たちがいる。XXXというのが、三〇年の治世を予示するものだったのではないか、というのである。六つの分枝を伴った古典的な太陽の表現としたがる人たちもいる。〔アポロ信仰を採用した〕三一〇年でもないのに、それでは遅すぎるのではないだろうか。最も広く受け入れられている解釈はクリスマだったというものである。すなわち、キリストを示す二つのギリシア文字、X（キー）とP（ロー）を重ね合わせたものだった、という解釈である。

(B) ハンセン病――四世紀以来広まった伝承によれば、コンスタンティヌスはキリスト教徒を迫害したためにハンセン病にかかったらしい。子供の血を満たした浴槽につかって病気を治す決断もできずにいたところ、コンスタンティヌスは夢の中で聖ペテロと聖パウロの訪問をうけた。彼らはコンスタンティヌスに、追放中のローマ司教シルウェステルの与える洗礼で病が癒えるだろう、と告げたのだという。

この伝承は四世紀から七世紀にかけて、ヒエロニムス、カッシオドルス[1]、大グレゴリウス[2]、セビリアのイシドルス[3]といった数多くのキリスト教徒著作家たちによって反駁された。しかし、とりわけトゥールのグレゴリウス[4]や尊者ベーダ[5]といった、より後代の著作家には信用されていた。また、有名な『教皇列伝（リベル・ポンティフィカリス）』や偽寄進状でもそうである。八世紀半ばの偽書として名高いこの偽寄進状では、その著者は、シルウェステルを迫害したがゆえにハンセン病患者になった、とコンスタンティヌスに語らせている。夢の中でのペトロとパウロの訪問およびその後の悔悛について、コンスタンティヌスは三度繰り返して洗礼盤につかり、洗礼によって病を癒したという。ルクレルクが言うところのこの「下らない小話」は驚くほど長く命脈を保った。問題となるのは、この起源が何だったのか、そしてなぜこれほどの成功を収めたのか、を理解することである。おそらく、もとは敵対的だった皇帝の悔悛と改宗〔という状況〕の中に、教皇の利害が主張されているのに気づくべきだろう。

（1）カッシオドルスは、六世紀にイタリアで活躍した政治家・文筆家。東ゴート王国の支配下で要職を歴任した〔訳註〕。
（2）ローマ法王グレゴリウス一世（在位：五九〇～六〇四年）のこと。ローマ市出身で、典礼の整備などで知られる〔訳註〕。
（3）六世紀後半から七世紀前半にかけて活躍したセビリア大司教。西ゴート王国のカトリック改宗に尽力した〔訳註〕。
（4）六世紀に活躍したトゥール司教。『フランク史』の執筆で知られる〔訳註〕。
（5）七世紀後半から八世紀前半にかけて活躍したイギリスの聖職者。『イギリス教会史』の執筆で知られる〔訳註〕。

(C) 洗礼——コンスタンティヌスは、死の床でアリウス派だったニコメディアのエウセビオスから洗礼を受けたことがわかっている。しかし、あとになって、ある伝承が流布した。それによれば、コンスタンティヌスは〔ローマ市に近い〕ソラクテ山麓で教皇シルウェステルから洗礼を受けたのだという。それは二重に不可能である。まず、コンスタンティヌスは三三七年に洗礼をうけたが、この時すでにシルウェステルが死んで二年が経っていたからである。当時、ローマ司教はユリウス一世だった。次に、この時コンスタンティヌスは小アジアにいたという理由もある。唯一可能性があるとすれば、三二六年にイタリアを訪問した時にシルウェステルから洗礼を受けたというものだが、これもまた伝承にすぎない。

歴史的事実を尊重するということは、初のキリスト教徒ローマ皇帝がアリウス派の司教から洗礼を受けたのを認めるということだった。しかし、より早い時期にローマ司教から洗礼を受けさせることで、コンスタンティヌスとローマ教皇の権威を直接的に関連づけ、さらにコンスタンティノポリスの皇帝を、いわばローマのもとに置くことが可能となった。カトリックによる洗礼〔という伝承〕の始まりは、コンスタンティヌスが異端者から洗礼を受けたことを隠すという効果もあったのである。

(D) 寄進──もう一つ別の中世の伝承が、『コンスタンティヌスの勅法（コンスティトゥトゥム・コンスタンティニ）』、あるいは『コンスタンティヌスの寄進状（ドナティオ・コンスタンティニ）』と呼ばれる偽書から生じた。これは七七四年頃に作成されたものらしい。その中で、コンスタンティヌスは三位一体を称賛し、自身のキリスト教への改宗や洗礼について詳しく語り、そしてローマ司教シルウェステルに対するさまざまな寄進を表明している。コンスタンティヌスはこの教皇に対し、都市ローマ、イタリア、そして帝国の西方属州に対する完全な支配権を差し出したのである。コンスタンティヌスは教皇が彼の上位にあることを認め、皇帝の権威と標章を与え、さらにラテラノ宮殿と聖ペテロのバシリカ〔サン・ピエトロ教会〕も寄進した。そのうえ、アンティオキア、アレクサンドリア、イェルサレムといった他の使徒座に対する、またコンスタンティノポリスに対しても、優越権をローマ教皇に認めていた。

いい加減なことに、この寄進状の日付はコンスタンティヌスが四度目にしてガッリカヌスが一度目の執政官《コンスル》の年、となっていた。コンスタンティヌスは四度目の執政官職を三一五年に務めたが、その際の同僚はリキニウスだった。オウィニウス・ガッリカヌスについていえば、彼は確かに執政官だったが、それは三一七年の一度きりである。もう一人別のガッリカヌスはフラウィウス・ガッリカヌスで、三三〇年の執政官である。この欺瞞は、無論、政治的な目的で行なわれた。教皇ハドリアヌスが、模範的な先例によって〔フランク〕王シャルル〔カール大帝〕に影響力を及ぼし、教皇庁の利益となるよう彼を誘導しようとしたのである。教皇庁はまた、古いルーツを持ちだすことによって教皇領の存在を正当化し、議論の余地をなくすことも目的としていた。

この文書の真正性は、まずはニコラス・デ・キューによって、ついで一四四二年にロレンツォ・ヴァッラによって、ラテン語で書かれたその著書『誤解された偽書、コンスタンティヌスの寄進状論』の中で問題とされた。この卓越したラテン学者は、この文書の支離滅裂さを指摘して批判し、これが偽書であることを証明した。それにもかかわらず、伝統と背景の重みゆえに、十五世紀にはこの論考は無駄に終わったのである。

これらの中世の伝承は、教皇庁とカトリックの権威をよりよく基礎づけようとした教会史の求めに応じて、事実を捻じ曲げたものだったことがわかる。コンスタンティヌスをあとからその創設者としたのである。この皇帝の名声は、正統性を担保するのに充分なものだった。しかしながら、コンスタンティヌスの名が教皇の全西方に対する〔権威の〕主張を保証するのに利用されたために、イタリアの皇帝派《ギベリン》にとっても、フランスのガリア主義《ガリカニスム》者にとっても、コンスタンティヌスは都合の悪い存在だったのである。

Ⅳ　皇帝教皇主義？　神権政治？

コンスタンティヌスの権力を形容するのに、皇帝教皇主義《セザロパピズム》についてしばしば言及される。この言葉が用いられるようになったのは、明らかに古代よりあとのことで、キリスト教国家において君主が宗教的な事柄をも指導しようとする性向のことを示している。

ローマ史においては宗教と国家がつねに親密な関係にあったことを思い起こす必要がある。共和政から元首政への移行は、その関係をいっそう強固なものとした。というのも、アウグストゥス以降、元首は大神祇官（ポンティフェクス・マクシムス）、すなわち伝統宗教の最高権威でもあったからである。皇帝であることと大神祇官であることは、三七九年にグラティアヌスとテオドシウスが大神祇官職を放棄する時まで、一体のものだったのである。

キリスト教はローマ宗教の大神祇官の埒外にあった。その指導層は司教であり、ローマ、アレクサンドリア、カルタゴ、アンティオキア、さらにコンスタンティノポリスといった帝国内の大規模都市に存在した。コンスタンティヌスを皇帝教皇主義だったと批判するのは、彼がキリスト教会に対して優越した権威を保とうとしていたと彼を非難することに帰結する。しかし、それには当たらない。たとえコンスタンティヌスが三一四年にアルル公会議を、ついで三二五年にはニケーア公会議を、それぞれ召集したのだとしても、それは、ドナトゥス派論争やアリウス派論争によって引き起こされた教会の一体性に対する心配と同時に、治安上の心配があったからである。確かに彼はニケーアにいて、会合に出席した。彼が司教たちに対して望んでいたことを彼らに伝えている。しかし、コンスタンティヌスは司教たちにいかなる決定も押しつけなかった。ソゾメノスの記述は明快である。コンスタンティヌスは司教たちの決定を施行させたのである。したがって、コンスタンティヌスは「外の者の司教」となって、国家機構や法律をそれらの実施に役立てたのである。コンスタンティヌスは司教たちに対して、彼らに委ねられた領域に秩序を定めるよう命じたにすぎない。この君主に比してローマとコンスタンティノポリスの司教の表情がぱっとしなかったことが、幻想を作り出したのかもしれない。

彼の息子であるコンスタンティウス二世は、アリウス派を押し付けようとして、宗教的な事柄についてみずからの〔皇帝としての〕権威をよりいっそう行使した。皇帝教皇主義という言葉が四世紀においていくらかでも妥当性を持つとすれば、それは彼の場合だけである。さらに、逆説的なことに、宗教政策においては、ユリアヌスはその伯父〔コンスタンティヌス〕以上に計画的だった。しかし、その意図は、アタナシウスやダマスス、[1] アンブロシウスといった有能な司教たちには太刀打ちできなかった。[2] それに続く皇帝教皇主義的な傾向をもった皇帝はすべて失敗に終わった。すなわち、「統一令（ヘノティコン）」を出したゼノ、[3] 三章問題でのユスティニアヌス、[4] 単位論でのヘラクリウス[5]といった皇帝たちである。

（1）四世紀後半のローマ教皇。後述のアンブロシウスの同時代人〔訳註〕。
（2）四世紀後半に活躍したミラノ司教。ミラノの守護聖人。アウグスティヌスの改宗に契機を与えた〔訳註〕。
（3）ゼノ（在位：四七四～四九一年）によって異端論争を収めるために発布されたが、西方教会の同意を得られなかった〔訳註〕。
（4）ユスティニアヌス（在位：五二七～五六五年）は、単性論をめぐって開かれた五五三年の第二コンスタンティノポリス公会議で三つの著作の排斥を命じたが、成功しなかった〔訳註〕。
（5）ギリシア語読みでヘラクレイオスとされることが多い（在位：六一〇～六四一年）。単性論をめぐって提唱された妥協案の一つだが、広まらなかった〔訳註〕。

したがって、コンスタンティヌスについては「皇帝教皇主義」という言葉は避けるのが賢明だろう。

コンスタンティヌスについては、慎重に扱ったうえでのことだが、「神権政治《テオクラシー》」という用語のほうが望ましい。なぜなら、三三〇年代に定まった皇帝権イデオロギー——その多くをカエサレアのエウセビオスに負っているが——は、皇帝を地上の事柄について神の意思を託された存在としていたからである。しかし、宗教的、神学的な事柄に関しては、皇帝は司教の在俗の補助者でしかなかった。この点で、キリスト教神権政治はコンスタンティヌスの権威を強めるというにはほど遠いものだった。逆に、キリスト教神権政治は、コンスタンティヌスが太陽信仰的な祚権政治——そこでは正統派もなければそれを監督すべき司祭もいなかった——において保持していた権力に打撃を与えたのである。

疑いなく、コンスタンティヌスは器の大きな国家的重要人物だった。マクセンティウスやマクシミアヌス、リキニウスに対する勝利のほか、蛮族に対する勝利も、彼の軍事的な才幹を示している。彼が三二四年に採用した「勝利者（ウィクトル）」という称号は、実態をみごとに反映したものだった。三〇六年からこの時までのあいだ、彼は戦場で負けを知らなかったのである。二九八年のガレリウスの勝利という成果を受け継いで、三三七年までペルシアとの和平を維持した。さらに、ライン川沿いの蛮族に対する彼の遠征は、四世紀半ばまで帝国を守ることになった。これらのおかげで、その治世後半は平和によって特徴づけられた。エウセビオスは彼の治世に、「総督たちは、刀を抜くことなく保持している」と書いている。したがって、コンスタンティヌスが「ローマの平和」の回復者だったといっても過言ではない。アントニヌス・ピウスの治世（一三八〜一六一年）以来、一世紀以上にわたって平和が長続きしたことはなく、帝国がこのような平和を経験したことがなかったことは確かである。

コンスタンティヌスは手際のよい外交官でもあった。四帝統治が揺らぐ中で彼個人の野心を発揮したその方法は、精緻な戦略に基づいたものだった。ある時には力づくで、またある時は妥協した。

コンスタンティヌスは、みずからの権力を正当化し安定させる方法でも巧みだった。まずはクラウディウス二世やヘルクリウスの家系に属すると主張した。さらに、不敗太陽神の加護については、アウレリアヌスのやり方を踏襲した。マクシミアヌスとの、ついでリキニウスとの姻戚関係に基づいた同盟の構築も巧みなものだったと結論づけられる。さらに、歳月とともに目立つようになったキリスト教という選択もあるが、それは段階的かつ個人的なものだった。

結局のところ、コンスタンティヌスは行政の、軍隊の、そして社会の、偉大なる改革者だった。この点では、彼はディオクレティアヌスによって着手された作業を完成させ、その方向性を変えたのである。その貨幣政策では、ソリドゥス貨の導入がディオクレティアヌスの失敗したところに解決策をもたらし、一世紀にわたるインフレーションを効果的に鎮めた。彼が行なった相当量の立法業務は、ローマ社会における法律の地位をよりいっそう重要なものとした。繁栄が戻ってきたことで、偉大なる建築者としての仕事を完遂することもできた。

これらの諸要素は全体として、帝国の姿を深く長期にわたって変容させたという意味で、「コンスタンティヌス革命」と呼びうるものである。実際のところ、この表現は少々強すぎ、大胆に見えるかもしれない。しかし、この表現は、保守的でも反動的でもなかったこの皇帝に帰せられる、実際に起こった大きな変化を表現するものなのである。とはいえ、この思いきった表現が〔ローマ帝国の〕継続性を隠してしまうことがあってはならない。コンスタンティヌスは、改革者だったといっても、他のローマ皇帝と同じく、前任者たちが積み上げてきたことに敬意を払うその受託者だったのである。

帝国の重心が東方へ移動したことと、コンスタンティヌスの体制がその後長く続いたことは、コンスタンティヌスがビザンティン帝国の創設者だった、という主張をしばしば引き起こした。しかし、それが帰せられるべきはコンスタンティヌスよりも、むしろ七世紀前半のヘラクリウスだろう。コンスタンティヌスは、アウグストゥスが同時代にそうであったように、ローマ帝国の革新者だった。両者とも、「古きもの」とともに、「新しきもの」をつくったのである。

史料の綿密な研究は、コンスタンティヌスに関する歴史家の理解が、どれほど極端で偏っていたのかを理解させてくれる。たとえば、シュウァルツは彼を「悪魔のごとき政治」と評したし、ピガニオルによれば「彼〔コンスタンティヌス〕はローマを裏切った」となるのだが、こういったものは反コンスタンティヌス的なフォークロアのアンソロジーに分類すべきものなのである。

ピガニオルは、コンスタンティヌスについて知られている史料すべてに依拠すれば、一人の人物に関するものだとは思えないような「まったく異なる肖像のギャラリー」の前に立たされていることに気づかされる、と評した。コンスタンティヌスは三十一年間統治した。彼について単一のイメージを持とうとするのは不条理なことだろう。史料内で矛盾しているように見えるのは、おそらく、この人物に関するさまざまな評価を反映しているにすぎないだろう。それは、彼の人格のパラドックスだけでなく、その変化をも表わしている。

コンスタンティウス・クロルスの息子として、コンスタンティヌスはその青年時代を陣営と宮殿で過ごした。三〇六年から三一二年までのコンスタンティヌスは、有能な戦略家にして戦術家として、決断と行動の迅速さ、さらにはその策略によっても輝きを放っていた。兵士たちのところでも民衆のところでも、その寛大さ、愛想の良さ、そして気配りゆえに彼は人気があった。さらに彼は、ヘルクリウス家系の四帝統治の皇帝ながらみずからの担当属州ではキリスト教徒を迫害しなかった人物〔コンスタンティウス・クロルス〕の後継者だった。

三〇五年から三〇六年にかけて、コンスタンティヌスが〔ガレリウスのもとから〕逃亡したことは彼の野心を示している。三一二年と三一六年、三二四年の三つの勝利に、彼を西方の、ついでイリュリクムの、そして帝国全土の支配者とした。不敗太陽神の信仰に傾倒し、その〔神の〕同行者となったことで、四帝統治を完全に過去のものとし、みずからに勝利を与えてくれた信仰の標章を採用したのである。コンスタンティヌスはキリスト教に法的実体を与え、三一四年にアルル公会議を召集することで、教会の一体性を望んでいることまで一挙に示した。彼は、迫害によってよりいっそう活発に行動するようになった司教たちをも拠りどころとした。そして、膨大な量の立法作業と同時に、社会の秩序化と行政の再構築も開始したのである。

三二四年がその治世における新たな段階の始まりだったこと、そしてコンスタンティヌスをより大きな歴史の流れの中に位置づけたことに、議論の余地はない。新たなる首都、巨大建造物、社会と行政の変革の完成、教会の統一という野心、これらはそのきわめて重要な要素なのである。

しかし、このラテン語を母語とする皇帝は二〇年近くを西方で過ごした。三二四年になってようやく彼は東方を目にし、宗教論争に気づいた。教会の一体性を望んでいたために、ニケーアの公会議以降、コンスタンティヌスは聖職者の罷免や追放、召還、教会会議の開催、出廷を繰り返した。彼は聖職者たちに対する苛立ちを露わにした。アリウス派に対する政策は一貫していなかったが、アリウスがカトリック教会に再び統合されるのを望んでいたことはわかる。クリスプスとファウスタを処刑させることになった暗鬱な事件もあった。この事件は、三二六年頃、皇帝の権威に関する他の分野でも見てとれるように、この皇帝が厳格になったことを特徴づけるものなのである。

もし順序を付けることが許されるなら、最も好ましいコンスタンティヌスというのは三二四年以前の彼だろう。蜂の巣をつついたような東方の宗教情勢のために影響されやすく優柔不断になってしまうよりも前、あるいは、戦略家として戦場においてかつてのようには振舞えなくなってしまうよりも前、のことである。コンスタンティヌスはまるで、各地を動きまわり戦っていた時、すなわち四帝統治の灰の上に最初の革新を成しとげた時、のほうが有能だったかのようである。とりわけ動きまわっていた時に輝いていたにもかかわらず、東方では、戦争が終わって以来、より静態的な帝国の規範を定めていった。コンスタンティヌスは、騎士身分の廃止やクラリッシムス級〔の元老院身分〕の拡大、近衛長官／道長官の改革によって、新しいローマ帝国の形成を成し遂げた。しかし、彼はキリスト教徒同士の不和に足を取られることになった。ある意味では、キリスト教を信仰することで、コンスタンティヌスは、キリスト教が疲労した古い公的な宗教を埋め合わせ、元首政の革新を進める中で彼を支えてくれるかもしれない、という可能性に賭けたともいえる。しかし、それに不可欠な教会の一体性が欠けていた。おそらくこの深い失望にコンスタンティヌスはひどくぐらついただろう。教会の一体性を確立するためにコンスタンティヌスが介入を行ない皇帝の権威を強化したことは、このような背景においてこそ理解されねばならないのである。しかし、この賭けは失望しかもたらさなかった。たとえ教会の一体性の欠如がコンスタンタンティヌス体制における亀裂だったとしても、それは驚くべき生命力を示し、その権力内で役立ったのである。

ピガニオルは、コンスタンティヌスは現実的な君主ではなかった、という確信を明らかにしていた。史料全体を見れば、そうではないことがわかる。エウトロピウスが評しているように、コンスタンティヌスはまさしく「偉大な人物（ウィル・インゲンス）」だった。遺産と革新――何と大きな革新だろう――とを組み合わせるというのは、この偉大な君主にしかできないことだった。教会の一体性の追求には失敗したにせよ、後代の人びとは、コンスタンティヌスが確立したところの構造に依拠することで、彼の成し遂げた仕事に敬意を払っていた。その時代の諸問題を基準として考えねばならないのである。『コンスタンティヌスの生涯』の第四巻の中でエウセビオスは、コンスタンティヌスの治世は二つの災厄に苦しんだ、と書いている。一つ目は、「一部の強欲な極悪人」によってなされた圧迫であり、彼らのために生活は損なわれ絶望的なものとなった。二つ目は、彼によれば、キリスト教の名のもとで威張り散らすために教会へと入り込んだ者たちの欺瞞と偽善である。コンスタンティヌスがこのような者たちに信頼を寄せたことが、その過ちを説明してくれるかもしれない。一つ目の「一部な強欲な極悪人」に対する嫌悪は、コンスタンティヌスの法の厳しさがそれを説明してくれる。このことは、コンスタンティヌスが、行政の拡充によって引き起こされうる不正行為に気づいていたことを明白に示している。

コンスタンティヌスの法は、国家がみずからの手先が犯す悪弊に対して編み出した対抗手段でもあったように思われる。したがって、コンスタンティヌスの帝国はときおり「全体主義国家」だったという批判の対象になるが、かかる批判は誤りとせねばならないだろう。逆に、法というものは、それを運用すると想定されている役人たちの逸脱に対して、権利を頑として保証する存在だった。コンスタンティヌスの元首政が独裁的なものだったとしても、それは、帝国の役人であれ司教であれ、在地の圧制者に対峙するものだった。この公正さに対するセンスがコンスタンティヌスを見識ある君主とするものだったことに議論の余地はないのである。

補遺

コンスタンティヌスの家族——コンスタンティヌス家

コンスタンティウス・クロルス

＝ヘレナ（最初の妻、一子）

　①コンスタンティヌス

＝テオドラ（二番目の妻、六子）

　①ダルマティウス（二子——ダルマティウス（副帝：三三五〜三三七年）、ハンニバリアヌス）

　②ユリウス・コンスタンティウス

　　＝ガッラ（最初の妻、三五一〜三五四年の副帝ガッルスを含む三子）

　　＝バシリナ（二番目の妻、子はユリアヌス（副帝：三五五〜三六〇年、正帝：三六〇〜三六三年））

　③ハンニバリアヌス

　④コンスタンティア（三一三年にリキニウスと結婚）

　⑤エウトロピア

　⑥アナスタシア

コンスタンティヌス
＝ミネルウィナ（妾、一子）
①クリスプス（三〇三～三二六年、三一七年から副帝）
＝氏名不詳（妾、一子）
①コンスタンティヌス二世（三一六年二月～三四〇年、副帝：三一七～三三七年、正帝：三三七～三四〇年）
＝ファウスタ（妻、四子）
①コンスタンティウス二世（三一七年八月七日～三六一年、副帝：三二四～三三七年、正帝：三三七～三六一年）
②コンスタンス（三二〇年頃～三五〇年、副帝：三三三～三三七年、正帝：三三七～三五〇年）
③ヘレナ（三五五年にユリアヌスと結婚）
④コンスタンティナ（最初にハンニバリアヌスと結婚、のちにガッルスと再婚）

コンスタンティヌス時代の執政官

三〇六年　コンスタンティウス・クロルス（六回目）とガレリウス（五回目）
三〇七年　西方…マクシミアヌス（九回目）とコンスタンティヌス
ローマ（四月まで）…ガレリウス（七回目）とマクシミヌス
東方…セウェルスとマクシミヌス

三〇八年　ディオクレティアヌス（一〇回目）とガレリウス（七回目）
三〇九年　ローマ（四月二十日から）…マクセンティウスとロムルス
リキニウスとコンスタンティヌス
三一〇年　ローマ…マクセンティウス（二回目）とロムルス（二回目）
タティウス・アンドロニクスとポンペイウス・プロブス
三一一年　ローマ…マクセンティウス（三回目）
ガレリウス（八回目）とマクシミヌス（二回目）
三一二年　ローマ（九月から）…ケイオニウス・ルフィウス・ウォルシアヌスとアラディウス・ルフィヌス
コンスタンティヌス（二回目）とリキニウス（二回目）
三一三年　ローマ…マクセンティウス（四回目）
コンスタンティヌス（三回目）とリキニウス（三回目）
エジプト（夏まで）…マクシミヌス（三回目）とコンスタンティヌス（三回目）
三一四年　ケイオニウス・ルフィウス・ウォルシアヌス（二回目）とペトロニウス・アンニアヌス
三一五年　コンスタンティヌス（四回目）とリキニウス（四回目）
三一六年　アントニウス・カエキナ・サビヌスとウェッティウス・ルフィヌス
三一七年　オウィニウス・ガッリカヌスとカエソニウス・バッスス（二月十九日から）
三一八年　リキニウス（五回目）とクリスプス

三一九年　コンスタンティヌス（五回目）と小リキニウス
三二〇年　コンスタンティヌス（六回目）と小コンスタンティヌス
三二一年　西方――クリスプス（二回目）と小コンスタンティヌス（二回目）
　　　　　東方――リキニウス（六回目）と小リキニウス（二回目）
三二二年　西方――ペトロニウス・プロビアヌスとアムニウス・アニキウス・ユリアヌス
　　　　　東方――執政官職歴任
三二三年　西方――アキリウス・セウェルスとウェッテシウス・ルフィヌス（二回目）
　　　　　東方――執政官職歴任
三二四年　西方――クリスプス（三回目）と小コンスタンティヌス（三回目）
　　　　　東方――執政官職歴任、のち、西方と同じ
三二五年　セクストゥス・アニキウス・パウリヌスとユリウス・ユリアヌス
三二六年　コンスタンティヌス（七回目）とコンスタンティウス
三二七年　フラウィウス・コンスタンティウスとウァレリウス・マクシムス
三二八年　フラウィウス・ヤヌアリウスとウェッティウス・ユストゥス
三二九年　コンスタンティヌス（八回目）と小コンスタンティヌス（四回目）
三三〇年　フラウィウス・ガッリカヌスとアウレリウス・ウァレリウス・トゥッリアヌス・シュンマクス
三三一年　ユニウス・バッススとフラウィウス・アブラビウス

三三二年　ルキウス・パピウス・パカティアヌスとマエキリウス・ヒラリアヌス
三三三年　フラウィウス・ダルマティウスとドミティウス・ゼノフィリウス
三三四年　フラウィウス・オプタトゥスとアムニウス・マニウス・カエソニウス・ニコマクス・アニキウス・パウリヌス
三三五年　ユリウス・コンスタンティウスとケイオニウス・ルフィウス・アルビヌス
三三六年　ウィリウス・ネポティアヌスとテッティウス・ファクンドゥス
三三七年　フラウィウス・フェリキアヌスとファビウス・ティティアヌス
三三八年　フラウィウス・ウルススとフラウィウス・ポレミウス

コンスタンティヌス時代の近衛長官／道長官（三一三～三三七年）

下記の年代は任期の始まりと終わりを示すものではなく、史料から在任が確認できる期間である。

一、宮廷付きの近衛長官

(a)コンスタンティヌス側近

ペトロニウス・アンニアヌス（三一三年～三一七年三月一日）
ユニウス・バッスス（三一八年～三二四年末）
ペトロニウス・プロビアヌス（三二一年）
セウェルス（三二二年～三二三年）

三二四年以降、東方において
エウァグリウス（三二六年）
ウァレリウス・マクシムス（三二七年〜三二八年）
エウァグリウス（三二九年）
フラウィウス・アブラビウス（三三〇年〜三三五年）
エウァグリウス（三三六年〜三三七年）

(b)副帝クリスプス側近
ウェッティウス・ルフィヌス（三一八年十二月一日〜三二〇年八月十日）
ルフィウス・ウォルシアヌス（三二一年八月一日）
アキリウス・セウェルス（三二二年十二月十八日〜三二四年一月二十三日）

(c)副帝コンスタンティヌス二世側近、三二六年以降、ガリアにおいて
ウァレリウス・マクシムス（三二七年一月二十一日〜三三三年五月五日）
ガイウス・アンニウス・ティベリアヌス（三三六年〜三三七年夏）

(d)副帝コンスタンティウス二世側近、東方において
エウァグリウス（三二六年二月三日〜三三六年八月二十二日）

(e)副帝コンスタンス側近、イタリアにおいて
ルキウス・パピリウス・パカティアヌス（三三四年〜三三七年夏）

(f)副帝ダルマティウス側近、イリュリクムにおいて
ヴァレリウス・マクシムス（三三六年〜三三七年八月二日）

二、道長官

西方（三三二年まで）

ユニウス・バッスス（三二四年末〜三三二年）

東方（三二四年以降）

フラウィウス・コンスタンティウス（三二四年十二月十六日〜三二七年六月二十四日）

フラウィウス・アブラウィウス（三二九年五月十三日〜三三七年九月）

イタリア

アエミリアヌス（三二八年五月九日）

ルキウス・パピリウス・パカティアヌス（三三二年四月十二日〜三三三年）

ルキウス・アラディウス・ウァレリウス・プロクルス（三三一〜三三二年）

アフリカ

フェリックス（三三三年四月十八日〜三三六年三月九日）

グレゴリウス（三三六年七月二十一日〜三三七年二月四日）

ネストリウス・トモニアヌス（三三七年夏）

マケドニア・トラキア

氏名不詳（三三七年）

コンスタンティヌス治下の首都（ローマ市）長官

（A. Chastagnol, *Les fastes de la préfecture de Rome au Bas-Empire*, Paris, 1962より）

下記の年代は任期の始まりと終わりを示すものではなく、史料から在任が確認できる期間である。

三一二年十月〜十一月	ガイウス・アンニウス・アヌッリヌス（再任）
三一二年十一月〜三一三年十二月	アラディウス・ルフィヌス（三回目）
三一三年十二月〜三一五年八月	ガイウス・ケイオニウス・ルフィウス・ウォルシアヌス（再任）
三一五年八月〜三一六年八月	ガイウス・ウェッティウス・コッシニウス・ルフィヌス
三一六年八月〜三一七年五月	オウィニウス・ガッリカヌス
三一七年五月〜三一九年九月	セプティミウス・バッスス
三一九年九月〜三二三年九月	ウァレリウス・マクシムス
三二三年九月〜三二五年一月	ロクリウス・ウェリヌス
三二五年一月〜三二六年十一月	アキリウス・セウェルス
三二六年十一月〜三二九年九月	アムニウス・アニキウス・ユリアヌス
三二九年九月〜十月	プブリリウス・オプタティアヌス
三二九年十月〜三三一年四月	ペトロニウス・プロビアヌス

三三一年四月～三三三年四月　セクストゥス・アニキウス・パウリヌス
三三三年四月～五月　プブリリウス・オプタティアヌス（再任）
三三三年五月～三三四年四月　マルクス・ケイオニウス・ユリアヌス
三三四年四月～三三五年十二月　アムニウス・マニウス・カエソニウス・ニコマクス・アニキウス・パウリヌス
三三五年十二月～三三七年三月　ケイオニウス・ルフィウス・アルビヌス
三三七年三月～三三八年一月　ルキウス・アラディウス・ウァレリウス・プロクルス

訳者あとがき

本書は、Bertrand Lançon, *Constantin (306-337)* (Coll. « Que sais-je ? » n° 3443, PUF, Paris, 1998) の全訳である。著者のベルトラン・ランソン氏は古代末期を専門とする研究者であり、ブレストのブルターニュ西大学の准教授を務められている。本書のほかにも、文庫クセジュでまだ邦訳されていない『古代末期』*Antiquité tardive* (Coll. « Que sais-je ? » n° 1455, PUF, Paris, 1997) をはじめ、数多くの古代末期関係の書籍を執筆されている。

本書の翻訳に際して特に困ったのが官職名の訳語である。原則としてテオドシウス法典研究会の『テオドシウス法典』翻訳（巻末参考文献（訳者による補足）【5】）に従ったが、個人的に使い慣れた訳語を用いたものや他の官職名との兼ね合いから変更したものもある。訳語だけでは元の官職名が想起できないケースも少なくないが、文庫クセジュでは原則として原語は本文に残さないとのことなので、カタカナ表記のうえ括弧に入れて付記してある。ルビでは小文字が表現できないのでこのような形になったが、煩雑で読みにくくなってしまったかもしれない。ご了承いただきたい。

また、地名や人名の表記についても少し説明しておくと、地名については古代名にも現代名にも統一できておらず、現代の日本でより一般的と思われるほうを採用したつもりである。その選択は訳者の独断と偏見によるが、著者があえて使い分けているような場合にはできる限りそれを活かすよう努めた。もっとも、オータン市と言おうがアウグストドゥヌム市と言おうが、知名度という意味では大差はなかったかもしれない。オータンは古代ローマの遺跡のみならずロマネスク彫刻でも有名な町であり——むしろロマネスク彫刻で有名な町というほうが正しい——機会があれば是非訪ねてみていただければと思う。人名については原則としてラテン語表記とし、ギリシア語で著作を残した人物についてはギリシア語表記としたが、広く通用していると思われるものがある場合はそちらを優先した。不自然な部分もあると思うが、ご寛恕を乞いたい。なお、内容の理解を助けるために訳者が補った部分は、文庫クセジュの慣例に従って〔 〕で挿入されているが、接続詞などは必ずしもその限りではない。また、本書の内容で明らかに間違っていた箇所は訂正してある。

さて、本書刊行の意義といったことも書かねばならないと思うが、実のところ、ベルナール・レミィ『ディオクレティアヌスと四帝統治』（文庫クセジュ九四八番）のときとは異なり、当初、本書を訳すつもりはほとんどなかった。ディオクレティアヌスと違ってコンスタンティヌスは知名度も高く、研究も比べものにならないほど多い。自分の専門分野はディオクレティアヌスの時代だという意識もあった。「ローマ史でディオクレティアヌスの時代の勉強をしています」と言っては怪訝な顔をされ、「コンスタンティヌスの前の皇帝です」と言って納得してもらうこともしばしばだった身としては、あえて自分がしなくても良いだろう、と思っていた。それにもかかわらず訳してしまったのは、コンスタンティヌスも四帝統治の皇帝のひとりだった、と思ってしまった結果である。その意味では、本書と合わせ『ディオクレティアヌスと四帝統治』にも目を通していただければと思う。本書の第一章でも述べられているとおり、彼の父コンスタンティウス・クロルスはディオクレティアヌス治世に見出されて副帝とされ、その後、正帝となった。コンスタンティヌスはその父の急逝を受け、四帝統治の皇帝のひとりとして権力への道を歩み始めたのである。三二四年にリキニウスを破って単独統治を始めるまで、彼の政治はディオクレティアヌスの残した体制の影響を大きく受けざるを得なかっただろう。三二四年以降、コンスタンティヌスは活動の拠点を東方に移し、親キリスト教的な姿勢を鮮明にしていく。もし印象で語ることが許されるなら、この年はひとつの時代を画する重要な年だったように見える。

訳者の個人的な事情はさておき、本書の翻訳はそれなりに意味のあることだと思っている。というのは、コンスタンティヌスに関する研究は少なくないとはいえ、その関心はある一つの問題に収斂しがちだからである。つまり、「キリスト教」との関わりである。本書冒頭にもあったように、彼が「初のキリスト教徒ローマ皇帝」だった以上、それは当然の帰結なのかもしれない。しかし、彼は「ローマ皇帝」だった。おそらくキリスト教徒になるよりも前からローマ皇帝だったのであり、その即位から三〇年以上、帝国全土を支配下においてからでも一〇年以上を皇帝として過ごした。近衛長官／道長官の改革をはじめとする行財政の改革に加え、軍制や幣制などさまざまな面でコンスタンティヌスは変化をもたらしている。その皇帝としての仕事は、古代末期社会の形成に大きな役割を果たした。本書において彼の皇帝としての仕事に少なからぬ頁が割かれているのは重要なポイントである。

本書は、すでに邦訳のあるエウセビオス『コンスタンティヌスの生涯』（巻末参考文献（訳者による補足）【1】）、J・ブルクハルト『コンスタンティヌス大帝の時代』（巻末参考文献（訳者による補足）【10】）、A・H・M・ジョーンズ『ヨーロッパの改宗――コンスタンティヌス《大帝》の生涯』（巻末参考文献（訳者による補足）【9】）といった文献の研究史上の位置づけも行なっており、合わせて読んでいただければ面白いと思う。ただし、本書のフランス語版が刊行されたのは一九九八年のことであり、本書の内容がすでに古くなっている部分や、紙幅の都合で十分には論じられていないテーマもある。より新しい、また詳しい研究事情を知りたい方には、巻末参考文献（訳者による補足）【29】で挙げたN. Lenski (ed.), *The Cambridge Companion to the Age of Constantine*, Cambridge, 2006をお薦めしておく。また、P・ヴェーヌ『「私たちの世界」がキリスト教になったとき――コンスタンティヌスという男』（巻末参考文献（訳者による補足）【9】）も、近年フランスで話題になった作品であり一読に値する。コンスタンティヌスとキリスト教の関係だけではなく、古代末期社会、そして現代ヨーロッパのあり方を考えるうえでも刺激的な作品である。

先行研究を踏まえ、ローマ皇帝としてのコンスタンティヌスの政治にも目配りした本書は比較的バランスがとれていると思う。また、彼の死後の評価に触れている点も特徴的である。しかし、訳者としてというよりはローマ史研究に携わる者として、最後に一点だけ気にかかった点を指摘しておきたい。それは、第三章で扱われている法史料に関する記述である。

著者も書いているように、コンスタンティヌスの発布した法は『テオドシウス法典』や『ユスティニアヌス法典』などに数多く残されている。著者は法文の発布年代やテーマごとの分類表を見せながら、その治世の中で立法作業が活発だった時期や皇帝が関心をもったテーマを説明している。しかし、この部分は訳しながら違和感を抱いたことを告白せねばならない。これらの法典に収録されたコンスタンティヌスの法は、五世紀、あるいは六世紀の法典編纂者たちが彼らの時代の必要に応じて収集・改変し、法典に収録したものである。中には、もともとひとつの法文だったものがいくつかに分断され、異なるテーマの法として別々に収録されたものもある。また、法典編纂者たちが利用することのできた資料の偏りも考慮せねばならない。したがって、『テオドシウス法典』に収録された法文の年代やテーマの分類から、コンスタンティヌスが活発に立法をおこなった時期や彼が関心を示したテーマを考えるのは相当に無理がある。そもそもコンスタンティヌスが特別に活発な立法者だったという根拠もない。『ディオクレティアヌスと四帝統治』にも書かれているが、ディオクレティアヌス時代の法文は二〇年ほどの治世のあいだに一二〇〇点ほどになる。コンスタンティヌスは三〇年の治世で三六〇点以上の法があると言っても、明らかに桁が違う。無論これをもってディオクレティアヌスのほうが真面目な立法者だったと主張するのも無意味である。種を明かせば、ディオクレティアヌスの治世には初めて二つの法典が編纂され、それが『ユスティニアヌス法典』の編纂時に利用された。その結果、数多くの法がこんにちまで伝わることになったのである。コンスタンティヌスの法の年代やテーマ別の分類表から読み取れるのは、この皇帝の立法への熱意や関心ではなく、法典編纂者たちの関心や彼らの用いることのできた原資料の偏りと考えるべきだろう。

最後に余計なことを書いてしまった感もあるが、いずれにせよ、コンスタンティヌスはキリスト教を公認しただけの皇帝ではなく、四帝統治の副帝からスタートしてさまざまな改革事業を成し遂げ――その過程で性格は悪くなったらしいが――古代末期のローマ社会の基礎を築いた皇帝だったことを、本書をとおして知っていただければ訳者としての責務は果たせたと思う。最後になってしまったが、翻訳にあたり、後代のギリシア語文献や法文の解釈などさまざまな点で田中創氏（日本学術振興会特別研究員PD）の指摘に助けられた。美術史関連の表現については、福本薫氏（筑波大学大学院）からアドバイスをいただいた。特に明記してお礼を申し上げたい。無論、翻訳に関して残っている誤りはすべて訳者の責任である。白水社の中川すみ、浦田滋子両氏にもお世話になった。また、本書が平成二三年度科学研究費補助金（特別研究員奨励費）の研究成果の一部であることも付記しておく。最後に、「訳者あとがき」も含めて最後までお付き合いいただいた読者の皆さまにお礼を申し上げて、あとがきを終わりにしたい。

二〇一二年二月　春も間近な東京にて

大清水裕

参考文献
（原書巻末）

一次史料

Anonyme de Valois (*Excerpta valesiana*), éd. J. Moreau, Leipzig, Teubner, 1961.

Aurelius Victor, *Livre des Césars*, éd. P. Dufraigne, Paris, Les Belles Lettres,« CUF », 1975.

Cedrenus (Kedrenos) , *Historiarum compendium (Synopsis historion), Patrologie grecque.*

Code Théodosien, éd. Th. Mommsen, Berlin, Weidmann, 3e éd., 1962.

Discours de remerciement à Constantin (312), in *Panégyriques latins*, VIII, t. II, éd. E. Galletier, Les Belles Lettres,« CUF », 1952.

Épitomé de Caesaribus, 40-41, éd. F. Pichlmayr et R. Gründel, Leipzig, Teubner, 2e éd., 1961.

Eusèbe de Césarée, *Histoire ecclésiastique*, éd. G. Bardy, Paris, Le Cerf, Sources chrétiennes, 4 vol., 1952-1960.

—*Vie de Constantin, Patrologie grecque*, 20.

—*Discours des Tricennales, ibid.*

Eutrope, *Abrégé de l'histoire romaine*, éd. S. Ratti, in *Les empereurs romains d'Auguste à Dioclétien dans le Bréviaire d'Eutrope*, Besançon, Annales littéraires de l'Université de Franche-Comté, 1996.

Jérôme, *Chronique, Patrologie latine*.

Julien, *Les Césars*, éd. J. Bidez, Paris, Les Belles Lettres,« CUF ».

Lactance, *De la mort des persécuteurs*, éd. J. Moreau, Paris, Le Cerf, « Sources chrétiennes », 1954.

Nazarius, *Panégyrique de Constantin* (1er mars 321), *Panégyriques latins*, X, t. II, éd. E. Galletier, Les Belles Lettres, « CUF », 1952.

Orose, *Histoires (contre les païens)*, liv. VII, éd. M.-P. Arnaud-Lindet, Les Belles Lettres, « CUF », 1991.

Panégyrique de Maximien et Constatin (31 mars 307), in *Panégyriques latins* VI, t. II, éd. E. Galletier, Les Belles Lettres,« CUF », 1952.

Panégyrique de Constantin (fin juillet 310), *Panégyriques latins*, VII, t. II, éd. E. Galletier, Les Belles Lettres,« CUF », 1952.

Panégyrique de Constantin (313), in *Panégyriques latins*, IX, t. II, éd. E. Galletier, Les Belles Lettres,« CUF », 1952.

Sozomène, *Histoire ecclésiastique*, éd. B. Grillet et G. Sabbah, Paris, Le Cerf, « Sources chrétiennes », 2 t. parus (liv. I-IV), 1983-1996, et PG, 67.

Zosime, *Histoire nouvelle*, éd. F. Paschoud, Paris, Les Belles Lettres,« CUF », 3 t.

en 5 vol., 1971-1989.

主要参考文献

Alföldi A., *The conversion of Constantine and pagan Rome*, trad. H. Mattingly, Oxford, The Clarendon Press, 1948.
Barnes T. D., *Constantine and Eusebius*, Cambridge, Mass., 1981.
—*New Empire of Diocletian and Constantine*, Cambridge, Mass., 1982.
Baynes N. H., *Constantin le Grand et l'Église chrétienne*, 1929.
Burckardt J., *Le siècle de Constantine le Grand*, 1856.
Chastagnol A., Les préfets du prétoire de Constatin, *L'Italie et l'Afrique au Bas-Empire*, Presses universitaires de Lille, 1987, p. 179-210.
DACL, III, 2, col. 2622-2695, s.v.« Constatin »(H. Leclercq).
Dagron G., *Naissance d'une capitale, Constantinople*, Paris, PUF, 1974, 2e éd., 1984.
Delmaire R., *Les institutions du Bas-Empire romain de Constatin à Justinien. Les institutions civiles palatines*, Paris, Le Cerf-CNRS, 1995.
Dorries A., *Konstantin der Grosse*, Stuttgart, 1958.
Jones A. H. M., *Constantine and the conversion of Europe*, New York, Collier Books, 1962 (1948).
Krautheimer R., *Rome. Profile of a city (312-1308)*, Princeton Univ. Press, 1980.
Mac Mullen R., *Constantin*, adaptation de H. Gallet, Paris, Hachette, 1971.
Maurice J., *Numismatique constantinienne*, Paris, 3 vol., 1908-1912.
—*Constantin le Grand. L'origine de la civilisation chrétienne*, Paris, 1924.
Pietri Ch., *Roma christiana*, Rome, BEFAR, 2 vol., 1976.
Piganiol A., *L'empereur Constatin*, Paris, Rieder, 1932.
—*L'Empire chrétien*, Paris, PUF.
Seeck O., *Regesten der Kaiser und Päpste (311-476)*, Stuttgart, 1919.
Vogt J., *Constantin der Grosse und sein Jahrhundert*, Munich, Münchner Verlag, 2e éd., 1960.

参考文献
（訳者による補足）

ここではまず，一次史料として本書で挙げられていたもののうち，邦訳のあるものを紹介する．次に邦語での参考文献を紹介するが，すでにB・レミィ著，拙訳，『ディオクレティアヌスと四帝統治』（白水社，文庫クセジュ948番，2010年）で挙げたものは割愛した．時代的に重なる部分も少なくないので，あわせてご参照いただければ幸いである．なお 本文内で挙げられているものの原著の参考文献に挙がっていなかったフランス語文献と，訳者あとがきで紹介した英語文献も最後に追加した．

一次史料

【1】エウセビオス『コンスタンティヌスの生涯』（秦剛平訳），京都大学学術出版会，2004年．

【2】エウセビオス『教会史（上・下）』（秦剛平訳），講談社学術文庫，2011年．

【3】エウトロピウス研究会「エウトロピウス『首都創建以来の略史』翻訳」，『上智史学』52〜56，2007〜2011年．

【4】『西洋古代史料集』（古山正人／中村純／田村孝／毛利晶／本村凌二／後藤篤子編訳），（第2版），東京大学出版会，2002年．

【5】テオドシウス法典研究会「テオドシウス法典 Codex Theodosianus（1）〜（19）」，『専修法学論集』59, 60, 61, 63, 1993〜1995年／『立教法学』43, 45, 47, 50, 53, 56, 58, 1996〜2001年／『法政史学』57, 59, 62, 64, 66, 68, 70, 72, 2002〜2009年．

【6】*Histoire Auguste*, éd. et trad. d'A. Chastagnol, Paris, R. Laffont, coll. « Bouquins », 1994.

研究文献

【7】P・ヴェーヌ『「私たちの世界」がキリスト教になったとき——コンスタンティヌスという男』（西永良成／渡名喜庸哲訳），岩波書店，2010年．

【8】E・ギボン『ローマ帝国衰亡史1〜10』（中野好夫／朱牟田夏雄／中野好之訳），ちくま学芸文庫，1995〜1996年．

【9】A・H・M・ジョーンズ『ヨーロッパの改宗——コンスタンティヌス《大帝》の生涯』（戸田聡訳），教文館，2008年．

【10】J・ブルクハルト『コンスタンティヌス大帝の時代——衰微する古典世界からキリスト教中世へ』（新井靖一訳），筑摩書房，2003年．

【11】大清水裕「ヒスペッルム勅答碑文をめぐる諸問題——コンスタンティヌス帝治世イタリアの州会議と都市参事会員たち」『西洋史研究』新輯38，2009年，1〜26頁．

【12】後藤篤子「『ミラノ勅令』をめぐって――クリステンセンの復原を中心に」『法政史学』39, 1987年, 1～22頁.
【13】後藤篤子「ノモス・テレオータトスをめぐって」『西洋古典学研究』37, 1989年, 91～101頁.
【14】田畑賀世子「フラウィウス・アブラビウス――コンスタンティヌス帝のキリスト教徒プラエフェクトゥス・プラエトリオ」『早稲田大学大学院文学研究科紀要 第4分冊』42, 1996年, 67～78頁.
【15】新田一郎「コンスタンティヌスの改宗――その時期と動機をめぐる問題」『西洋史学』53, 1962年, 15～31頁.
【16】新田一郎「コンスタンティヌスと太陽宗教――Constantin-Helios問題考」『史林』46-1, 1963年, 105～124頁.
【17】新田一郎「コンスタンティヌスとキリスト教――対マクセンティウス戦を中心に」『史窓』63, 2006年, 25～38頁.
【18】保坂高殿「エウセビオス『コンスタンティヌスの生涯』の諸問題――その真正性, 成立年代, 編集意図」『西洋古典学研究』58, 2010年, 60～73頁.
【19】保坂高殿「コンスタンティヌス大帝の“改宗”年代」『Studia Classica』創刊号, 2010年, 1～54頁.
【20】保坂高殿「ローマ中央広場のコンスタンティヌス像とその碑銘 (Eus HE 9.9.10f.)」『Studia Classica』創刊号, 2010年, 175～204頁.
【21】保坂高殿「312年の天空十字顕現の文学的虚構性とその伝承成立年代――『コンスタンティヌスの生涯』偽書説への一論拠」『Studia Classica』2, 2011年, 127～160頁.
【22】秀村欣二「コンスタンティヌス一世とその時代――異教との対応を中心として」『東洋英和女学院大学　研究紀要』30, 1991年, 1～13頁.
【23】弓削達「マクセンティウスとコンスタンティヌス」『一橋論叢』28-4, 1952年, 436～466頁.
【24】弓削達「コンスタンティヌス大帝と太陽宗教の問題」『史学雑誌』63-2, 1954年, 157～165頁.
【25】弓削達「コンスタンティヌス論争の進展」『一橋論叢』41-5, 1959年, 479～495頁.
【26】弓削達「コンスタンティヌス論争の進展（承前）」『一橋論叢』42-2, 1959年, 158～174頁.
【27】弓削達「Vita Constantini 研究の進展」『史学雑誌』70-3, 1961年.
【28】J.-L. Desnier, *La légitimité du prince*, Paris, 1997.
【29】N. Lenski (ed.), *The Cambridge Companion to the Age of Constantine*, Cambridge, 2006.

訳者略歴
大清水裕（おおしみず・ゆたか）
一九七九年生まれ
東京大学大学院人文社会系研究科博士課程修了、博士（文学）
日本学術振興会特別研究員（ＰＤ）
古代ローマ史専攻
主要著訳書
レミィ『ディオクレティアヌスと四帝統治』（白水社文庫クセジュ九四八番）
本村凌二編著『ラテン語碑文で楽しむ古代ローマ』（研究社、二〇一一年）

コンスタンティヌス
その生涯と治世

二〇一二年三月　五　日印刷
二〇一二年三月二五日発行

訳　者 ©　大　清　水　　裕
発行者　　及　川　直　志
印刷所　　株式会社　平河工業社
発行所　　株式会社　白　水　社

東京都千代田区神田小川町三の二四
電話　営業部〇三（三二九一）七八一一
　　　編集部〇三（三二九一）七八二一
振替　〇〇一九〇―五―三三二二八
　　　郵便番号一〇一―〇〇五二
http://www.hakusuisha.co.jp
乱丁・落丁本は、送料小社負担にてお取り替えいたします。

製本：平河工業社
ISBN978-4-560-50967-8
Printed in Japan

文庫クセジュ

歴史・地理・民族（俗）学